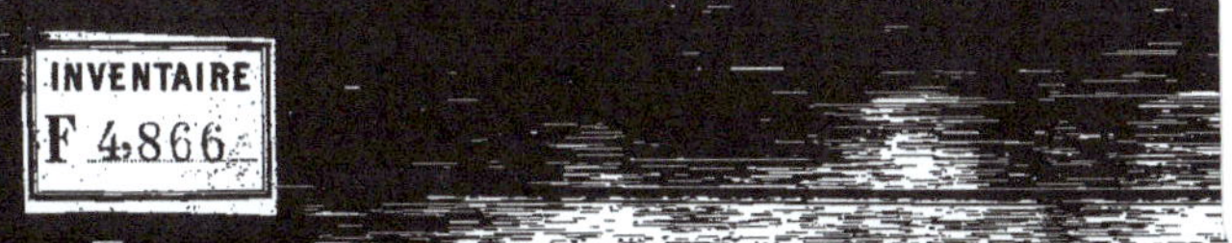

MINISTÈRE DE LA GUERRE.

RÈGLEMENT

SUR LE SERVICE DU CASERNEMENT.

30 JUIN 1856.

PARIS.
IMPRIMERIE IMPÉRIALE.

1856.

MINISTÈRE DE LA GUERRE.

RÈGLEMENT

SUR LE SERVICE DU CASERNEMENT.

30 JUIN 1856.

BIBLIOTHÈQUE IMPÉRIALE
IMPR.

DON.
N° 6530.

PARIS.

IMPRIMERIE IMPÉRIALE.

SEPTEMBRE 1856.

C.

SOMMAIRE DU RÈGLEMENT.

		Numéros des articles.
TITRE Ier. DISPOSITIONS GÉNÉRALES ; ATTRIBUTIONS.	Établissements affectés au service du casernement	1
	Bâtiments pris à loyer par le service militaire ou mis à sa disposition	2
	Fonctionnaires chargés du service du casernement	3
	Attributions des commandants de place	4
	Attributions des officiers du génie	5
	Attributions des fonctionnaires de l'intendance militaire	6
TITRE II. GARDE ET CONSERVATION DES ÉTABLISSEMENTS MILITAIRES.	Concierges des bâtiments militaires	7
	A qui les concierges sont subordonnés	8
	Les concierges sont dépositaires des clefs des locaux non occupés	9
	Les concierges ne donnent pas l'entrée dans les établissements militaires	10
	Les concierges entretiennent la propreté des établissements ou des bâtiments non occupés	11
	Les concierges sont chargés de la visite des locaux occupés et en rendent compte	12
	Garde et conservation des établissements affectés aux services administratifs.	13
	Garde et conservation des établissements de la justice militaire	14
TITRE III. ASSIETTE DU LOGEMENT.	Établissement des projets d'états de l'assiette du logement	15
	Remise de ces états aux directeurs des fortifications ou aux inspecteurs généraux	16
	États généraux dressés par les directeurs des fortifications et envoyés aux intendants divisionnaires	17
	Envoi de ces divers états au général commandant la division et au ministre.	18
	Époques des envois des divers états de l'assiette du logement	19
	Assiette du logement arrêtée par le ministre	20
	Cas de modifications à proposer à l'assiette du logement	21
	Changements autorisés pour les cas d'urgence	22

		Numéros des articles.
TITRE IV. ORGANISATION DES LOGEMENTS ET DES ACCESSOIRES DU CASERNEMENT DANS LES PAVILLONS ET DANS LES CASERNES.	Les logements des divers corps sont distincts	23
	Bases de l'organisation des logements et des accessoires dans les pavillons et dans les casernes	24
	Logements d'officiers	25
	Logements des chevaux des officiers montés	26
	Chambres de soldats	27
	Écuries	28
	Logements des concierges	29
	Cuisines	30
	Ateliers	31
	Magasins des corps	32
	Magasins de munitions et hangars pour la confection des cartouches	33
	Écoles régimentaires	34
	Salles d'escrime et de danse	35
	Locaux disciplinaires	36
	Champs de manœuvre et de tir	37
TITRE V. AMEUBLEMENT DES PAVILLONS ET DES CASERNES.	Ameublement des logements d'officiers	38
	Couchage de la troupe	39
	Mobilier des chambres de soldats	40
	Mobilier des chambres de sous-officiers	41
	Mobilier des chambres des enfants de troupe et des logements de blanchisseuses	42
	Mobilier des écuries	43
	Porte-selles	44
	Mobilier des cuisines	45
	Mobilier des pensions	46
	Baquets de propreté	47
	Ameublement des ateliers	48
	Matériel des forges des maréchaux ferrants et des hangars au ferrage	49
	Ameublement des magasins	50
	Mobilier des écoles régimentaires	51
	Mobilier de la salle d'hippiatrique	52
	Matériel pour le service des manéges	53
	Matériel pour la voltige	54
	Matériel des gymnases et des écoles de natation	55
	Matériel de tir	56
	Mobilier des infirmeries régimentaires	57
	Ameublement des locaux disciplinaires	58
	Ameublement des corps de garde	59
	Guérites	60
	Outils et matériaux nécessaires pour l'entretien des cours	61
	Appareils des puits	62
	Matériel pour la fourniture de l'eau potable	63
	Chariots porte-fourrages	64

		Numéros des articles.
TITRE V. AMEUBLEMENT DES PAVILLONS ET DES CASERNES. (Suite.)	Brancards	65
	Poêles	66
	Pompes à incendie	67
	Drapeaux	68
	Planchettes pour le nettoyage des buffleteries	69
	Balances	70
	Appareils d'éclairage	71
	Ifs pour les illuminations	72
	Les effets mobiliers ne doivent pas être déplacés	73
	Cas de fournitures autres que celles qui sont prescrites au présent règlement.	74
TITRE VI. OCCUPATION DES PAVILLONS ET DES CASERNES PAR LES TROUPES.	Avis de l'arrivée d'un corps de troupes	75
	Mesures à prendre à l'arrivée de l'officier de casernement	76
	Désignation des locaux à occuper	77
	Prise de possession du logement	78
	État descriptif des lieux	79
	Inventaire des objets qui ne sont pas entretenus par le service du génie.	80
	Difficultés concernant la prise de possession du casernement	81
	Remise des clefs et responsabilité des corps	82
	Formalités à remplir en cas de mutations dans le logement	83
	Évacuation de locaux par suite d'une réduction d'effectif	84
	Réception des corps de garde; responsabilité des chefs de poste	85
TITRE VII. POLICE DES BÂTIMENTS MILITAIRES OCCUPÉS PAR LES TROUPES.	Police des commandants de place	86
	Police des chefs de corps	87
	Les personnes non militaires ne peuvent loger dans les bâtiments militaires	88
	Formalités exigées pour entrer dans les établissements militaires	89
	Les corps sont chargés de la propreté intérieure et extérieure des casernes.	90
	Inscription des numéros et des contenances des chambres	91
	Affiches dans les casernes	92
	Dépôts de fumiers	93
	Visite du casernement par les inspecteurs; registre des observations	94
	Suite à donner aux observations des inspecteurs	95
	Rapports des inspecteurs généraux du génie au sujet de la tenue du casernement	96
TITRE VIII. ÉVACUATION DES PAVILLONS ET DES CASERNES.	Formalités à remplir pour la reprise du casernement par le service du génie	97
	Les locaux doivent être remis propres et en ordre	98
	Cas de départ précipité	99
	Nettoyage effectué d'office	100
	Vérification de l'état des lieux et de l'inventaire	101
	Certificat de bon état des lieux	102
	Les corps ne peuvent, à leur départ, conserver aucun local	103

		Numéros des articles.
TITRE IX. DÉGRADATIONS ET PERTES DANS LES PAVILLONS ET DANS LES CASERNES.	Constatations des dégradations et des pertes	104
	Cas de refus de signer le procès-verbal des dégradations et des pertes	105
	Réparation des dégradations et remplacement des objets perdus	106
	Certificat d'exécution des réparations et des remplacements	107
	Payement des frais de réparation et de remplacement lorsque le corps est présent	108
	Payement des frais de réparation et de remplacement quand le corps est absent	109
	Réclamation contre les imputations	110
	Dégradations et pertes dans les logements d'officiers sans troupes ou d'employés militaires	111
	Registre des dégradations et des pertes	112
TITRE X. ÉTABLISSEMENTS DES SERVICES ADMINISTRATIFS ET DE LA JUSTICE MILITAIRE.	Services administratifs en gestion directe	113
	Services administratifs confiés à l'entreprise	114
	Tribunaux militaires	115
	Pénitenciers, prisons, ateliers de condamnés	116
TITRE XI. LOCATIONS.	Formalités préliminaires pour les locations	117
	Établissement des baux	118
	Expéditions et ampliations des baux	119
	Enregistrement des baux	120
	Prise de possession; état de lieux ou inventaire	121
	Les baux sont soumis aux dispositions du Code	122
	Fonctionnaires chargés de l'exécution des baux	123
	Payement des loyers	124
	Travaux au compte des bailleurs	125
	Cas d'impossibilité de trouver de gré à gré des bâtiments ou des terrains à prendre à loyer	126
	Remise au propriétaire de la chose louée	127
TITRE XII. BÂTIMENTS ET TERRAINS MIS TEMPORAIREMENT À LA DISPOSITION DU SERVICE DU CASERNEMENT PAR LES ADMINISTRATIONS CIVILES.	Formalités préliminaires	128
	Travaux au compte des administrations civiles	129
	Prise de possession et remise	130
TITRE XIII. TRAVAUX CONCERNANT LES ÉTABLISSEMENTS MILITAIRES.	Constructions, appropriations et améliorations	131
	Réparations dites locatives	132
	Blanchissage des bâtiments	133
	Ramonages	134
	Réparations d'entretien ou de convenance	135
	Réparations d'urgence	136
	Ordres et demandes des inspecteurs	137
	Aucun empêchement ne doit être apporté à l'exécution des travaux	138
DISPOSITION FINALE		139

RÈGLEMENT

SUR LE SERVICE DU CASERNEMENT.

TITRE PREMIER.

(Voir les deux modèles n°s 1 et 2 et le tableau A ci-annexés.)

DISPOSITIONS GÉNÉRALES. — ATTRIBUTIONS.

ARTICLE PREMIER.

Établissements affectés au service du casernement.

Le casernement comprend tous les établissements affectés soit au logement, au service et à l'instruction des troupes, soit aux divers services administratifs de la guerre ou à celui de la justice militaire (1), savoir :

1° Les casernes d'infanterie;
2° Les casernes et les autres établissements de cavalerie;
3° Les gymnases et les écoles de natation;
4° Les manéges;
5° Les pavillons d'officiers;
6° Les hôtels et les bureaux des tribunaux militaires;
7° Les prisons et les pénitenciers militaires;
8° Les champs de manœuvres et les champs de tir;
9° Les hôpitaux;
10° Les magasins centraux des hôpitaux;
11° Les manutentions des vivres;
12° Les magasins des vivres;
13° Les magasins aux fourrages;
14° Les magasins de l'habillement, du harnachement et du campement;

---

(1) Les arsenaux, les salles d'armes, les magasins à poudre, les pavillons et autres bâtiments affectés spécialement au service de l'artillerie et à celui du génie, quoique faisant partie des bâtiments militaires, n'ont rien de commun avec le casernement; et leur administration est exclusivement dans les attributions respectives de ces deux services.

Les hôtels des généraux, par suite de leur affectation toute spéciale, ne sont pas soumis aux règles tracées pour les autres bâtiments du casernement.

Le casernement de la gendarmerie, qui est à la charge des administrations départementales, reste également en dehors du présent règlement.

2.

15° Les magasins et les buanderies des lits militaires, quand ces locaux sont fournis par l'État;

16° Les magasins du chauffage, quand l'État les fournit;

17° Enfin les corps de garde (1).

ART. 2.

Bâtiments pris à loyer par le service militaire ou mis à sa disposition.

Lorsque les ressources du casernement sont insuffisantes, il est pourvu aux besoins de ce service par des locaux pris à loyer. Ces locaux, pendant toute la durée des baux, sont considérés comme établissements militaires, et sont, par suite, généralement soumis aux dispositions du présent règlement.

Les mêmes dispositions sont également applicables aux locaux qui sont mis gratuitement à la disposition du département de la guerre par les administrations départementales ou communales, mais sous la réserve des conventions stipulées dans les actes de cession y relatifs.

ART. 3.

Fonctionnaires chargés du service du casernement.

Les établissements militaires sont dans les attributions respectives des commandants de place, des officiers du génie et des fonctionnaires de l'intendance militaire.

ART. 4.

Attributions des commandants de place.

Les commandants de place titulaires, ou les officiers qui en remplissent les fonctions, sont chargés de la police militaire des casernes occupées par la troupe; ils concourent à l'établissement de l'assiette du logement; ils désignent les locaux à affecter aux corps; ils participent à la rédaction des procès-verbaux relatifs aux bâtiments consacrés au logement des troupes; enfin ils sont responsables de l'observation des dispositions de l'assiette du logement arrêtée par le ministre, et donnent tous les ordres nécessaires pour l'assurer.

ART. 5.

Attributions des officiers du génie.

Les officiers du génie sont chargés :

1° De la police administrative de tous les établissements militaires occupés, conjointement avec les fonctionnaires de l'intendance militaire;

(1) Les corps de garde qui ont exclusivement pour objet la police urbaine ou la garde des établissements civils ne font pas partie des bâtiments militaires.

2° Des propositions à faire et des travaux à exécuter pour la construction, la réparation et l'entretien des établissements du casernement;

3° De la garde et de la surveillance exclusive des bâtiments non occupés;

4° De la fourniture et de la conservation des parties de l'ameublement qui sont spécialement placées, par le présent règlement, dans les attributions du service du génie;

5° De concourir à la rédaction des procès-verbaux pour tout ce qui intéresse les établissements du casernement, de concert avec les fonctionnaires de l'intendance militaire, et, lorsqu'il y a lieu, avec les commandants de place.

Les officiers du génie ont sous leurs ordres, pour le service du casernement, des gardes du génie : ces employés, dont la fonction spéciale consiste dans la surveillance et la conservation de la partie du domaine militaire placée dans les attributions du service du génie, sont, en outre, chargés des opérations de détail de la remise et de la reprise des logements militaires et de toutes les dépendances du casernement qui ressortissent à ce service.

ART. 6.

Attributions des fonctionnaires de l'intendance militaire.

Les fonctionnaires de l'intendance militaire sont chargés :

1° Conjointement avec les officiers du génie, de la police administrative de tous les bâtiments militaires occupés;

2° De la désignation des logements que les corps doivent occuper dans les bâtiments qui leur sont affectés par le commandant de place, en se conformant à ce qui est prescrit à cet égard pour l'assiette du logement;

3° Des opérations relatives tant à la location des bâtiments nécessaires au service du casernement, à défaut d'établissements militaires, qu'à la passation, à la rédaction et à l'exécution des baux dressés à cet effet, le tout avec le concours des officiers du génie;

4° Enfin de la fourniture et de la conservation des objets de casernement, qui sont spécialement placés dans leurs attributions par le présent règlement et par d'autres dispositions ministérielles.

TITRE II.

GARDE ET CONSERVATION DES ÉTABLISSEMENTS MILITAIRES.

ART. 7.

Concierges des bâtiments militaires.

Des concierges nommés par le ministre de la guerre, sur la proposition des directeurs des fortifications, sont chargés de veiller à tout ce qui intéresse la garde et la conservation des bâtiments et des objets d'ameublement affectés au logement des troupes.

ART. 8.

A qui les concierges sont subordonnés.

Les concierges sont sous les ordres immédiats des chefs du génie; ils rendent compte néanmoins aux sous-intendants de tout ce qui survient dans la distribution des logements, ainsi que de tout ce qui est relatif à la conservation des objets de casernement placés dans les attributions du service de l'intendance et déposés dans les casernes.

ART. 9.

Les concierges sont dépositaires des clefs des locaux non occupés.

Les concierges sont dépositaires de toutes les clefs des chambres et des parties de bâtiments non occupées : ils sont responsables de la conservation du mobilier déposé dans ces locaux.

Les clefs sont placées en ordre, chez les concierges, dans un clavier numéroté, sous une porte treillagée fermant à clef.

Il est expressément défendu aux concierges de délivrer des clefs sans l'ordre écrit du chef du génie ou du sous-intendant militaire.

ART. 10.

Les concierges ne donnent pas l'entrée dans les établissements militaires.

Il est interdit aux concierges de donner entrée, dans les établissements dont ils ont la garde, aux personnes étrangères au service militaire; ils exécutent, à ce sujet, les consignes que leur donnent soit les commandants de place, soit les chefs du génie, soit les sous-intendants militaires, chacun pour ce qui le concerne.

ART. 11.

Les concierges entretiennent la propreté des établissements ou des bâtiments non occupés.

Les concierges, aidés au besoin par des manœuvres, doivent entretenir la propreté, tant à l'intérieur des établissements ou des bâtiments non occupés qu'à leurs abords. Les ustensiles nécessaires à ces soins leur sont fournis sur les fonds du service du génie.

Les concierges sont tenus, en outre, d'ouvrir et de fermer les fenêtres, pour le renouvellement de l'air, dans les locaux dont ils ont les clefs.

ART. 12.

Les concierges sont chargés de la visite des locaux occupés et en rendent compte.

Les concierges visitent, au moins une fois par jour, tous les locaux occupés; préviennent les officiers chargés du casernement des dégradations qu'ils découvrent, et rendent compte sur-le-champ de ces dégradations au chef du génie ou au sous-intendant militaire, selon que les dégradations concernent des objets placés dans les attributions de l'un ou de l'autre.

ART. 13.

Garde et conservation des établissements affectés aux services administratifs.

Pour les établissements dépendant des divers services administratifs du département de la guerre, la garde et le soin de la propreté à entretenir, tant à l'intérieur qu'à l'extérieur, sont confiés aux officiers d'administration ou aux entrepreneurs de ces services. Ces agents sont dépositaires des clefs et sont responsables de la conservation des bâtiments ainsi que des objets appartenant à l'État qui y sont déposés.

Ils sont astreints à rendre compte, selon les cas, aux sous-intendants militaires ou aux chefs du génie, des dégradations survenues.

ART. 14.

Garde et conservation des établissements de la justice militaire.

Les concierges des prisons et des autres établissements de la justice militaire ont, en ce qui concerne la garde et la conservation des bâtiments, les mêmes fonctions et la même responsabilité que les concierges des casernes : comme ces derniers, ils sont astreints à rendre compte, selon les cas, aux sous-intendants ou aux chefs du génie, des dégradations survenues.

TITRE III.

ASSIETTE DU LOGEMENT.

ART. 15.

Établissement des projets d'états de l'assiette du logement.

La destination de tous les établissements du service du casernement est déterminée, pour chaque place, par décision du ministre de la guerre.

Le chef du génie, dès qu'il en a connaissance, rédige un projet d'état d'assiette détaillée du logement dans tous les établissements de la place (modèle A). Cet état indique pour chaque bâtiment les dimensions, la contenance et l'affectation de tous les locaux, et doit comprendre, dans l'ordre indiqué par l'article premier :

Les bâtiments appartenant à l'État et ceux dont le département de la guerre a la jouissance indéfinie;

Les immeubles pris à loyer par l'État à quelque titre que ce soit;

Les locaux mis par les administrations civiles à la disposition du service du casernement.

Lorsqu'il y a lieu d'établir l'assiette du logement, le chef du génie et le sous-intendant militaire se réunissent chez le commandant de place titulaire ou chez l'officier qui en remplit les fonctions, pour examiner et pour discuter avec ce dernier l'état détaillé (modèle A), préparé comme il vient d'être dit. Ce travail, une fois arrêté de concert, est rédigé définitivement par le chef du génie. Il est signé par les parties qui ont concouru à sa formation, et qui consignent, s'il y a lieu, leurs observations respectives au-dessus de leurs signatures.

Le chef du génie dresse en même temps un état d'assiette du casernement (modèle n° 1) présentant la récapitulation sommaire de l'état détaillé (modèle A). Il inscrit sur ce nouvel état (modèle n° 1) toutes les observations qui peuvent éclairer la question. L'état (modèle n° 1) est signé par le chef du génie, par le sous-intendant militaire et par le commandant de place.

ART. 16.

Remise de ces états aux directeurs des fortifications ou aux inspecteurs généraux.

L'état sommaire (modèle n° 1) mentionné à l'article précédent est adressé par le chef du génie au directeur des fortifications.

L'état détaillé (modèle A) est remis par le chef du génie à l'inspecteur général du génie, qui l'adresse au ministre avec ses observations.

ART. 17.

États généraux dressés par les directeurs des fortifications et envoyés aux intendants divisionnaires.

Aussitôt que le directeur des fortifications a réuni tous les états sommaires d'assiette du logement (modèle n° 1) pour les diverses places de sa direction, il en forme, par division militaire, un état général (modèle n° 2) qu'il adresse à l'intendant divisionnaire avec les états sommaires (modèle n° 1), après avoir d'ailleurs consigné ses observations sur ces divers états.

ART. 18.

Envoi de ces divers états au général commandant la division et au ministre.

L'intendant divisionnaire inscrit son avis sur l'état général (modèle n° 2), donne connaissance de cet avis au directeur des fortifications, et envoie ensuite toutes les pièces au général commandant la division. Cet officier général transmet le tout, avec ses observations, au ministre de la guerre (3e direction, service du génie).

ART. 19.

Époques des envois des divers états de l'assiette du logement.

Les états sommaires (modèle n° 1) doivent être adressés, le 16 novembre, aux directeurs des fortifications. L'état général (modèle n° 2), accompagné des états sommaires, doit parvenir à l'intendant divisionnaire le 1er décembre; et ces divers états, envoyés au commandant de la division le 15 décembre, sont adressés au ministre le 25 du même mois.

ART. 20.

Assiette du logement arrêtée par le ministre.

Le ministre de la guerre fixe, pour chaque place, l'assiette du logement dans les établissements militaires, et renvoie les états généraux (modèle n° 2), approuvés ou modifiés s'il y a lieu, à l'officier général commandant la division, qui en notifie les dispositions aux directeurs des fortifications et aux intendants militaires. Ceux-ci portent respectivement à la connaissance des chefs du génie et des sous-intendants chargés du service du casernement l'approbation donnée par le ministre aux assiettes du logement qui les concernent, et, lorsqu'il y a lieu, les modifications à y apporter. Les commandants de place reçoivent également, de leur côté, par les soins des généraux commandant les divisions, des extraits certifiés du travail arrêté par le ministre.

ART. 21.

Cas de modifications à proposer à l'assiette du logement.

Du 1er au 15 novembre de chaque année, le commandant de place, le chef du génie et le sous-intendant militaire se réunissent, dans chaque place, pour reconnaître s'il y a lieu de proposer des modifications à l'assiette du logement; et, lorsqu'il y a des changements à faire à cette assiette, il y est procédé conformément aux prescriptions des articles 15, 16, 17, 18, 19 et 20 ci-dessus.

ART. 22.

Changements autorisés pour les cas d'urgence.

Il ne peut être apporté de changements à l'assiette du logement qu'en vertu d'ordres du ministre de la guerre, si ce n'est lorsqu'il y a urgence.

Dans ce cas, les généraux commandant les divisions donnent les autorisations nécessaires, à charge par eux d'en rendre compte au Ministre (3e direction, service du génie).

TITRE IV.

ORGANISATION DES LOGEMENTS ET DES ACCESSOIRES DU CASERNEMENT, DANS LES PAVILLONS ET DANS LES CASERNES.

ART. 23.

Les logements des divers corps sont distincts.

Dans les bâtiments militaires désignés pour être occupés par les troupes, les logements des différents corps sont, autant que possible, distincts et séparés.

ART. 24.

Bases de l'organisation des logements et des accessoires dans les pavillons et dans les casernes.

Dans les pavillons et dans les casernes, le logement des officiers, des sous-officiers, des maîtres ouvriers, des caporaux ou brigadiers et des blanchisseuses vivandières, etc., doit, ainsi que les divers accessoires nécessaires au casernement des troupes, être établi, autant du moins que les localités le permettent, conformément au tableau de répartition qui suit :

LOGEMENTS.	NOMBRE ET COMPOSITION DES LOCAUX.	OBSERVATIONS.
Colonel	Six chambres, dont cinq à feu Une cuisine Une écurie	L'écurie comprise dans le logement d'un officier supérieur doit contenir un nombre de chevaux égal au nombre des rations de fourrage allouées à cet officier en raison de son grade. L'écurie pourra, d'ailleurs, si elle renferme un excédant de places, être commune à plusieurs officiers; mais, dans ce cas, les chevaux de chaque officier seront isolés, au moyen de stalles pleines, des autres chevaux logés dans l'écurie. Quand un major est logé dans un bâtiment militaire, on annexe à son logement deux pièces pour lui servir de bureau.
Lieutenant-colonel	Cinq chambres, dont quatre à feu Une cuisine Une écurie	
Chef de bataillon Chef d'escadrons Major Médecin-major de 1re classe	Quatre chambres, dont trois à feu Une cuisine Une écurie	
Capitaine Trésorier Officier d'habillement Médecin-major de 2e classe	Deux pièces, dont une à feu, et un cabinet	A défaut d'espace, le logement d'un capitaine peut être restreint exceptionnellement à une chambre et à un cabinet. Quand un officier-trésorier est logé dans un bâtiment militaire, on annexe à son logement deux pièces pour lui servir de bureau.

LOGEMENTS.	NOMBRE ET COMPOSITION DES LOCAUX.	OBSERVATIONS.
Lieutenant............... Sous-lieutenant........... Médecin aide-major........ Vétérinaire.............. Chef de musique......... Trompette-major..........	Une chambre à feu et un cabinet...........	....
Adjudant................	Une chambre dans la caserne..............	....
Tambour-major...........	Une chambre............................	....
Vaguemestre.............	Une chambre............................	Le vaguemestre doit toujours loger seul.
Moniteur général.........	Une chambre............................	....
Maître-ouvrier...........	Deux pièces, dont une à feu, avec ou sans cabinet..............................	Ce logement, entièrement distinct des ateliers, doit, autant qu'il est possible, en être rapproché.
Garde-magasin d'habillement.	Une chambre............................	La petite pièce à donner à ce sous-officier doit être le plus près possible des magasins du corps.
Sergent-major et fourrier d'une compagnie............. Maréchal des logis chef, fourrier et élève-fourrier d'un escadron..............	Une chambre............................	La chambre de ces sous-officiers doit être établie près de la compagnie ou près de l'escadron, toutes les fois que les localités le permettent.
Sergents d'une compagnie... Maréchaux des logis d'un escadron................	Deux chambres ou une seule, suivant la grandeur, pour les sergents de chaque compagnie ou pour les maréchaux des logis de chaque escadron...........................	Autant qu'il est possible, les maréchaux des logis d'un escadron sont répartis en deux chambres; toutefois, en cas de nécessité, on peut les loger ensemble, ainsi que les sergents de deux compagnies.
Brigadier-fourrier d'état-major................	Une chambre............................	Le brigadier-fourrier d'état-major, chargé de l'administration du peloton hors rang dans les régiments de cavalerie, loge toujours seul.
Caporaux-tambours et caporaux-clairons..........	Une chambre pour tous les caporaux-tambours ou caporaux-clairons.................	....
Caporaux et brigadiers......	....	Les caporaux et les brigadiers logent avec les hommes de leurs escouades.
Blanchisseuse-vivandière tenant cantine et pension...	Une chambre à feu servant de cuisine; un cabinet et un petit magasin ou un caveau......	Non compris les locaux affectés aux pensions des sous-officiers. Pendant que les sous-officiers sont à table, la cantine se tient dans la cuisine de la blanchisseuse-vivandière.
Blanchisseuse-vivandière ne tenant ni cantine ni pension.................	Une chambre à feu et un cabinet...........	....
Concierge...............	Deux pièces............................	Le logement du concierge est établi, autant qu'il est possible, à proximité de l'entrée de l'établissement.

ACCESSOIRES COMMUNS AUX CASERNEMENTS DE L'INFANTERIE ET DE LA CAVALERIE.

LOGEMENTS.	NOMBRE ET COMPOSITION DES LOCAUX.	OBSERVATIONS.
Chambre pour l'adjudant-major de service........	Une pièce et un cabinet s'il est possible......	....

ACCESSOIRES.	NOMBRE ET COMPOSITION DES LOCAUX.	OBSERVATIONS.
Chambre pour le médecin de service...............	Une pièce et un cabinet s'il est possible.......	....
Cuisines	....	A chaque cuisine, ou annexe, autant qu'il est possible, un cabinet servant de dépôt pour les provisions de chaque compagnie ou de chaque escadron.
Pensions de sous-officiers. Par régiment d'infanterie.	Une pièce pour les adjudants ... . Une pièce pour les sergents-majors de chaque bataillon............................. Deux pièces pour les sergents et les fourriers de chaque bataillon......................	En dehors des heures de repas des sous-officiers, les pièces affectées à leurs pensions servent de cantine, pour lesquelles il n'est point établi de locaux spéciaux.
Pensions de sous-officiers. Par régiment de cavalerie.	Une pièce pour les adjudants. .... Une pièce pour les maréchaux des logis chefs.. Trois pièces pour les maréchaux des logis et les fourriers	
Latrines de la troupe.......	....	Autant qu'il est possible, on ménage dans l'enceinte des latrines un petit local pour le dépôt des baquets de propreté.
Cabinets d'aisance.........	Un pour les officiers.................... Un pour les adjudants et les enfants de troupe. Un pour les maîtres-ouvriers et leurs familles.. Un pour les femmes logées au quartier....... Un pour le concierge et sa famille...........	....
Bureau de l'officier d'habillement................	Une pièce.............................	Ce bureau est installé, autant qu'il est possible, à proximité des magasins.
Atelier des armuriers.......	Une pièce pour l'atelier.................. Un local pour la forge...................	....
Atelier des tailleurs........	Atelier des ouvriers...................... Palier ou petit cabinet pour le fourneau aux fers................................. Salle de coupe du maître tailleur...........	....
Atelier des cordonniers ou des bottiers...............	Atelier des ouvriers...................... Salle de coupe du maître cordonnier ou bottier................................. Magasin aux cuirs.......................	....
Magasin d'armement.......	Une pièce.............................	....
Magasin d'habillement	Magasin d'habillement proprement dit.......	Le magasin d'habillement proprement dit, doit contenir, en trois catégories distinctes : Les effets d'habillement, Ceux de grand équipement, Ceux de petit équipement. Il doit toujours s'y trouver, en outre, autant qu'il est possible, un compartiment séparé par une barrière, dans lequel les hommes se tiennent pour attendre leur tour et pour essayer leurs vêtements.
	Magasin des effets des hommes absents....... Magasin des vieux effets.................. Dépôt des caisses d'emballage..............	....
Magasin aux munitions régimentaires et hangar pour la confection des cartouches .	....	Le hangar est séparé du magasin aux munitions.
Salle de rapport et de théorie.	Une pièce.............................	....
École régimentaire.........	Une salle pour le premier degré........... Une salle pour le deuxième degré..........	....
Salle d'escrime...........	....	....

ACCESSOIRES.	NOMBRE ET COMPOSITION DES LOCAUX.	OBSERVATIONS.
Salle de danse	....	....
Salle de musique	....	On n'affecte aux répétitions de musique une salle spéciale que dans le cas où la chambre des musiciens ne peut pas servir à cet usage.
Infirmerie régimentaire	Une salle pour les visites, la pharmacie, la tisanerie et le dépôt du linge à pansement. Une pièce pour le caporal ou le sous-officier d'infirmerie. Un cabinet de bains avec deux baignoires, l'une pour les galeux, l'autre pour les autres malades.	Au besoin, cette salle sert en même temps de chambre au caporal ou au sous-officier d'infirmerie. Les salles de bains sont organisées au rez-de-chaussée ou tout au moins à un étage peu élevé. Quand on ne peut pas établir un fourneau avec une chaudière de 120 litres, on chauffe les bains au moyen d'un cylindre.
	Une salle de blessés et de vénériens	....
	Une salle de galeux	Les locaux affectés aux galeux doivent être séparés le mieux possible du reste de l'infirmerie.
	Une salle de convalescents	....
	Deux cabinets d'aisance, dont un exclusivement consacré aux galeux	....
Locaux disciplinaires	Salle de police des sous-officiers Salle de police des caporaux ou brigadiers Salle de police des soldats Prison des sous-officiers Prison des caporaux ou brigadiers Prison des soldats Trois cellules par bataillon d'infanterie Une cellule par escadron de cavalerie	....
Corps de garde de police	....	Le corps de garde de police est établi à proximité de l'entrée de la caserne ou du quartier.
Dépôts d'ustensiles et d'appareils d'éclairage	Deux cabinets ou dessous d'escalier	Ces locaux reçoivent les ustensiles nécessaires à l'instruction, ainsi que les balais, les pelles et les autres objets qui servent à l'entretien de la propreté.
Buanderies	....	....
Lavoir de propreté des soldats. Lavoir des effets	....	On organise, autant qu'il est possible, dans les casernes : des lavoirs où les soldats puissent se livrer aux soins de propreté, et d'autres où ils puissent laver quelques-uns de leurs effets.
Puits ou fontaines	....	Il convient d'établir des puits, des pompes ou des fontaines à proximité des cuisines, de l'infirmerie régimentaire, des lavoirs et des abreuvoirs.
Champ de manœuvres	....	....
Champ de tir	....	....

ACCESSOIRES SPÉCIAUX AU CASERNEMENT DE LA CAVALERIE.

ACCESSOIRES.	NOMBRE ET COMPOSITION DES LOCAUX.	OBSERVATIONS.
Selleries	....	Les selleries sont placées à proximité des écuries, quand les localités le permettent.
Magasin aux fourrages pour recevoir la distribution de quatre jours	....	Quand les localités le permettent, on établit un de ces magasins par escadron.

BIBLIOTHÈQUE IMPÉRIALE IMPR.

ACCESSOIRES.	NOMBRE ET COMPOSITION DES LOCAUX.	OBSERVATIONS.
Atelier des selliers........	Atelier des ouvriers.................... Salle de coupe du maître sellier........... Magasin aux cuirs.....................	....
Atelier des maréchaux ferrants................	Forge............................... Hangar au ferrage.....................	....
Magasin de harnachement...	Une ou plusieurs pièces voisines...........	....
Manége couvert...........	....	....
Salle d'hippiatrique........	Une pièce...........................	....
Écuries-infirmeries........	Deux écuries pour les maladies non contagieuses. Deux écuries pour les maladies contagieuses... Pharmacie du vétérinaire............... Salle de désinfection................... Hangar pour les opérations vétérinaires.......	Autant qu'il est possible, les écuries-infirmeries sont séparées du reste du quartier. Dans tous les cas, la partie de cet accessoire affectée au traitement des maladies contagieuses doit toujours être complétement isolée. Il est établi une forge particulière pour les écuries-infirmeries, quand elles ne peuvent pas être desservies par la forge du quartier.
Hangar pour deux chariots porte-fourrages	....	....
Auges-abreuvoirs..........	....	Les auges-abreuvoirs sont établies à raison de 24^m,00 de développement d'auge simple, par escadron.
Dépôts de fumiers.........	....	....
Manége découvert ou carrière.	....	Quand les cours du quartier n'offrent pas un espace suffisant pour les exercices de détail, il est affecté à ces exercices un manége découvert.

ART. 25.

Logements d'officiers.

Lorsque les bâtiments militaires sont susceptibles de fournir des logements convenables pour les officiers supérieurs et autres, les logements sont établis d'après les bases indiquées au tableau ci-dessus. Les chambres à réserver spécialement dans les casernes pour l'adjudant-major et le médecin de semaine, sont distinctes des logements permanents d'officiers.

ART. 26.

Logement des chevaux des officiers montés.

Les officiers montés, lors même qu'ils n'ont pas de logements dans des bâtiments militaires, peuvent placer leurs chevaux dans les écuries disponibles des casernes jusqu'à concurrence d'un nombre égal à celui des rations de fourrages auxquelles ils ont droit d'après les règlements.

En cas d'insuffisance d'écuries dans les quartiers, la préférence est accordée et doit être assurée aux chevaux des officiers le moins élevés en grade, et, dans tous les cas, à ceux des officiers dont la troupe occupe la caserne, avant ceux des autres corps ou fractions de corps.

ART. 27.

Chambres de soldats.

La contenance des chambres de soldats est calculée de manière à ménager l'espace nécessaire pour le placement des lits et du mobilier, ainsi que pour la facilité de la circulation, et à donner à chaque homme, un volume d'air d'au moins 12 mètres cubes dans les casernements d'infanterie, et 14 mètres cubes dans ceux de cavalerie.

La tête de chaque lit est, autant qu'il est possible, adossée à un mur ou à une cloison sans y toucher. L'intervalle entre deux lits doit être de 25 centimètres au moins.

ART. 28.

Écuries.

Les chevaux sont espacés entre eux de $1^m,45$ dans les écuries.

Les écuries simples ont au moins 5 mètres de largeur, et les écuries doubles au moins $8^m,50$. Les unes et les autres ont $3^m,50$ de hauteur au minimum. Dans tous les cas, il doit être réservé à chaque cheval un volume d'air de 20 mètres cubes au moins.

ART. 29.

Logement des concierges.

Les concierges ont leur logement dans l'établissement dont ils ont la garde. S'ils ont plusieurs établissements sous leur surveillance, ils logent dans celui où leur présence est jugée le plus utile.

ART. 30.

Cuisines.

Quand les localités le permettent, il doit y avoir une cuisine munie de fourneaux pour chacun des bataillons d'un régiment d'infanterie, et deux cuisines pour chaque régiment de cavalerie.

Les cuisines sont toujours au rez-de-chaussée dans des locaux pavés ou dallés.

ART. 31.

Ateliers.

Les ateliers des cordonniers ou des bottiers, et ceux des selliers, ainsi que la forge de l'armurier, doivent être placés dans des pièces bien éclairées et situées au rez-de-chaussée ou immédiatement au-dessus de locaux voûtés.

ART. 32.

Magasins des corps.

Le magasin d'armement doit toujours être installé dans un local bien sec.

Les magasins d'habillement sont organisés de manière que les effets y soient suffisamment préservés de la chaleur et de l'humidité.

ART. 33.

Magasins de munitions et hangars pour la confection des cartouches.

Les magasins de munitions sont toujours placés loin des bâtiments d'habitation et dans des endroits bien secs.

On les dispose de manière à en rendre la surveillance facile, et on les isole des murs de clôture par des couloirs de 1 mètre de largeur au moins.

Quand on ne peut pas affecter, sans danger, à la confection des cartouches, un local existant, on établit pour cette opération un petit hangar de construction légère en planches à recouvrement.

ART. 34.

Écoles régimentaires.

L'école régimentaire doit avoir une contenance de 150 élèves pour un régiment d'infanterie de trois bataillons; de 130 pour deux bataillons; de 80 pour un bataillon détaché ou formant corps; de 80 pour un régiment de cavalerie, et de 70 pour une section d'ouvriers d'administration.

Dans les garnisons où se trouvent plusieurs corps, chaque corps a son école régimentaire séparée, si les ressources du casernement le permettent.

Tout détachement de la force de deux compagnies doit, autant que possible, avoir une école régimentaire.

ART. 35.

Salles d'escrime et de danse.

Les salles d'escrime et de danse sont toujours établies au rez-de-chaussée ou immédiatement au-dessus de locaux voûtés.

ART. 36.

Locaux disciplinaires.

Les locaux disciplinaires des hommes gradés sont distincts de ceux des simples soldats.

Les caporaux et les brigadiers sont séparés des sous-officiers toutes les fois que les localités le permettent.

ART. 37.

Champs de manœuvre et de tir.

Dans les localités où le champ de tir ne peut pas être établi dans le champ de manœuvre, on affecte à cet usage un terrain spécial.

Les travaux d'appropriation dans les champs de manœuvre et de tir sont exécutés, autant que possible, par les corps.

TITRE V.

AMEUBLEMENT DES PAVILLONS ET DES CASERNES.

ART. 38.

Ameublement des logements d'officiers.

L'ameublement des logements militaires d'officiers est fourni, entretenu et renouvelé, au compte de l'État, par les soins de l'administration militaire, soit directement, soit par l'intermédiaire d'une entreprise dite des lits militaires, fonctionnant conformément aux clauses d'un marché passé avec le département de la guerre.

Toutefois, le service du génie fournit, entretient et renouvelle les glaces affectées à ces logements, savoir :

Dans chaque logement de sous-lieutenant, de lieutenant ou de capitaine, une glace d'environ $0^m,80$ de hauteur sur $0^m,60$ de largeur, encadrée dans une bordure en acajou;

Dans chaque logement d'officier supérieur, trois glaces, dont deux du modèle ci-dessus, et une troisième d'environ 1 mètre de hauteur sur $0^m,80$ de largeur, encadrée dans une bordure dorée.

Il n'est fait, d'ailleurs, aucune fourniture d'ameublement de bureau aux officiers qui reçoivent une indemnité pour frais de bureau.

ART. 39.

Couchage de la troupe.

L'administration militaire pourvoit, soit directement, soit par l'entremise d'une entreprise dite des lits militaires, au couchage des troupes dans les casernes.

ART. 40.

Mobilier des chambres de soldats.

Les chambres de soldats sont garnies du mobilier suivant :

1° Objets fournis, entretenus et remplacés par le service du génie :

Planches à bagages, de $0^m,30$ de largeur, à simple rang pour l'infanterie de ligne, à double rang pour tous les corps de la garde impériale et pour toute la cavalerie;

Chevilles, crochets ou boutons pour porter l'armement et l'équipement;

Crochets porte-souliers;

Râteliers porte-brides;

Râteliers d'armes;

Tables de 2 mètres de longueur sur $0^{m},70$ de largeur (une table par 16 hommes);

Bancs de 2 mètres de longueur (2 bancs par 16 hommes);

Planches à pain de $0^{m},60$ de largeur, et d'un développement total calculé à raison de $0^{m},12$ au moins par homme de l'effectif; elles sont élevées à 2 mètres au-dessus du sol, et placées au-dessus des tables;

Planchettes destinées à recevoir l'extrait de l'état des lieux et de l'inventaire du mobilier dressé par les soins des corps.

2° Objets fournis, entretenus et remplacés par les corps, sur la masse générale d'entretien :

Planchettes destinées à recevoir les instructions, les règlements, les listes et les consignes qui doivent être affichés dans les chambrées;

Étiquettes à placer à la tête des lits et au-dessus de chaque arme au râtelier.

Les chambres des musiciens reçoivent le même ameublement que les chambres des soldats.

ART. 41.

Mobilier des chambres de sous-officiers.

Les chambres de sous-officiers sont meublées comme celles de la troupe, avec cette différence, qu'il est accordé à chaque sous-officier, pour placer ses bagages, un développement de planches double de celui qu'on donne à chaque soldat.

Il est placé, en outre, dans la chambre de chaque sergent-major ou maréchal des logis chef, un râtelier pour 6 armes, un développement de planches à bagages suffisant pour porter les bagages de 12 hommes, et une table à tiroir fermant à clef.

Tout cet ameublement est fourni, entretenu et remplacé par le service du génie.

ART. 42.

Mobilier des chambres des enfants de troupe et des logements de blanchisseuses.

Les chambres des enfants de troupe reçoivent le même ameublement que les chambres de soldats, à l'exception du mobilier destiné à l'armement et à l'équipement.

Il n'est fourni par le service du génie, dans les logements des blanchisseuses-vivandières, qu'une planche à bagages.

ART. 43.

Mobilier des écuries.

Les écuries sont pourvues du mobilier suivant, savoir :

1° Objets fournis, entretenus et remplacés par le service du génie :

Râtelier continu;

Mangeoires individuelles;

Chaînes d'attache munies de leurs tiges ou anneaux fixés aux mangeoires;

Une ou plusieurs cuves-abreuvoirs, d'une contenance totale calculée à raison de 20 litres par chaque cheval de l'effectif à loger;

Coffres à avoine, établis sur des dés en pierre et munis de cadenas, à raison d'un coffre par escadron;

Anneaux de pansage fixés à l'extérieur dans les murs des écuries, à $1^{m},45$ de distance les uns des autres, et scellés dans des dés en pierre.

2° Objets fournis par le service du génie, et entretenus à la charge de la masse d'entretien du harnachement et du ferrage :

Bat-flancs, avec leurs chaînes de suspension, pour la séparation des chevaux par un;

Mesures à avoine, 2 par escadron;

Vannettes à avoine, 2 par escadron;

Hache-paille, 1 par corps de troupes à cheval;

Civières, à raison de 4 par escadron, et, en outre, de 5 par régiment de cavalerie, dont 2 pour les jeunes chevaux, 2 pour l'infirmerie et 1 pour l'état-major;

Seaux, 8 par escadron;

Baquets, 2 par escadron;

Planchettes à consignes, 1 par escadron;

Planchettes pour inscrire le nom des chevaux;

Augets, 2 par escadron; ils ne sont fournis que lorsque les mangeoires ne sont pas à cuvettes.

Ces divers objets ne peuvent être renouvelés par le service du génie qu'en vertu d'une décision du ministre, prise sur la production d'un procès-verbal dressé par le sous-intendant militaire, de concert avec le chef du génie, pour constater la nécessité de leur renouvellement.

Quant aux ustensiles et aux outils non compris dans les deux catégories précédentes et nécessaires à l'entretien de la propreté des écuries, à l'enlèvement du crottin, etc., ils sont fournis, entretenus et renouvelés par les corps, sur la masse d'entretien du harnachement et du ferrage.

ART. 44.

Porte-selles.

Les selles et les autres objets de harnachement sont placés sur des porte-selles dont la fourniture, l'entretien et le remplacement incombent au service du génie.

ART. 45.

Mobilier des cuisines.

Les cuisines reçoivent l'ameublement suivant, qui est fourni, entretenu et remplacé par le service du génie :

Marmites, à raison d'une par compagnie ou par demi-escadron (1);

Tables de $0^{m},90$ de largeur sur $0^{m},75$ de hauteur, à raison de $2^{m},40$ de développement par compagnie, et de $3^{m},50$ par escadron;

Tablettes de $0^{m},30$ de largeur, entièrement semblables aux planches à bagages, placées en nombre suffisant, à $0^{m},50$ au-dessus des tables;

Chevalet pour scier le bois.

Il est placé, par le service du génie, en dehors et à portée de chaque cuisine, un billot en bois qui est enfoncé en terre de manière à y rester à demeure. Il est défendu de fendre le bois ailleurs que sur ce billot.

Les scies et les haches sont achetées, entretenues et renouvelées par les corps, sur la masse générale d'entretien.

ART. 46.

Mobilier des pensions.

Les pensions de sous-officiers sont garnies :

1° De tables, en quantité suffisante pour que chaque sous-officier y occupe une place de $0^{m},50$ à $0^{m},60$ de largeur;

2° De bancs, à raison de $0^{m},50$ de longueur par sous-officier;

3° D'une rangée de tablettes entièrement semblables aux planches à bagage.

Cet ameublement est établi, entretenu et remplacé par le service du génie, qui n'a, d'ailleurs, rien à fournir pour les cantines.

(1) Quand les marmites ne sont pas de dimensions suffisantes pour servir chacune à l'ordinaire d'une compagnie ou d'un demi-escadron, on en augmente le nombre à raison de l'effectif.

ART. 47.

Baquets de propreté.

Des baquets de propreté sont placés dans les cours des casernes, à raison de 4 par bataillon et de 2 par escadron, ainsi que dans les infirmeries et dans les locaux de punition, en nombre suffisant.

Les corps sont chargés de les vider et de les laver avec soin au moins une fois par jour.

La fourniture, l'entretien et le remplacement des baquets de propreté incombent au service du génie.

ART. 48.

Ameublement des ateliers.

Il est placé :

1° Dans l'atelier des armuriers :

- Une forge;
- Une enclume fixe avec son billot;
- Un soufflet avec sa chaîne de tirage;
- Un établi;
- Une auge pour l'eau nécessaire à la trempe;
- Un râtelier pour les armes.

2° Dans l'atelier des tailleurs:

- Des portemanteaux à chevilles, tant dans l'atelier des ouvriers que dans la salle de coupe;
- Des tablettes de $0^m,40$ à $0^m,50$ de largeur sur 5 à 6 mètres de longueur, placées au-dessus des portemanteaux;
- Un établi monté sur tréteaux.

3° Dans l'atelier des cordonniers ou bottiers et dans celui des selliers:

- Des portemanteaux à chevilles et des tablettes en quantité suffisante.

Ces divers objets sont fournis, entretenus et remplacés par le service du génie.

ART. 49.

Matériel des forges des maréchaux ferrants et des hangars au ferrage.

Les forges des maréchaux ferrants sont munies chacune :

D'enclumes pesant 75 à 80 kilogrammes, à raison d'une enclume par feu;

D'une bigorne du poids de 50 kilogrammes environ;

D'étaux, à raison d'un pour deux feux, et de deux pour trois feux;

D'un billot spécial pour le percement des fers;

De portemanteaux à chevilles pour suspendre les vestes et les bonnets des ouvriers;

De tablettes pour les fers préparés.

Dans les hangars au ferrage, on place des anneaux d'attache, espacés entre eux de $1^{m},10$ à $1^{m},30$, au nombre de 18 environ pour un régiment de cavalerie.

Ces divers objets sont établis, entretenus et remplacés par le service du génie.

ART. 50.

Ameublement des magasins.

Il est fourni à chaque corps, par les soins et à la charge du service du génie :

1° Dans le magasin d'habillement,

Trois tables de 2 mètres de longueur sur 1 mètre de largeur, ou une seule table d'une surface équivalente, avec les casiers et les bancs nécessaires pour y placer les effets d'habillement et d'équipement;

Une autre table de 2 mètres sur 1 mètre, pour le mesurage des étoffes, laquelle est étalonnée par les soins des corps, sur les fonds de la masse générale d'entretien;

Un rouleau pour la vérification des étoffes;

Une échelle double, s'il est nécessaire.

2° Dans le magasin d'armement,

Une table;

Un râtelier pour 600 fusils, dans le casernement de l'infanterie, ou pour 300 armements complets, dans le casernement de la cavalerie.

3° Dans le magasin de harnachement,

Une table, des tablettes et des râteliers disposés pour recevoir les divers objets de harnachement.

Il est pourvu, par le service du génie, à l'entretien et au remplacement de tous les objets susmentionnés; tous les autres meubles et ustensiles des magasins devant rester à la charge des corps.

ART. 51.

Mobilier des écoles régimentaires.

Le mobilier de chaque école régimentaire est composé comme il suit:

1° Objets fournis, entretenus et remplacés par le service du génie :

Une estrade avec bureau pour l'officier directeur;

Trois chaises;

Un nombre suffisant de bancs et de tables munies d'encriers, ainsi que des montants destinés à recevoir une corde pour suspendre les modèles;

Un ou plusieurs tableaux noirs, suivant le nombre des élèves;

Un rang de liteaux à crochets pour suspendre les tableaux et les modèles d'enseignement;

Un rang de portemanteaux à chevilles pour recevoir la coiffure des élèves;

Une armoire à deux battants fermant à clef et garnie de ses rayons.

2° Objets achetés, entretenus et renouvelés par les corps et à leur charge :

Tableaux de lecture, de grammaire et du système métrique;

Modèles;

Cartes géographiques,

Et tous autres objets non compris dans la nomenclature précédente.

Lors des changements de garnison, les corps n'emportent avec eux, de tous ces différents objets, que ceux qui sont d'un transport facile, savoir :

Les évangiles, les syllabaires, les crayons, les porte-crayons et les méthodes d'écriture.

Ils remettent les autres au service du génie, d'après un inventaire dressé par le service de l'intendance militaire et signé par l'officier de casernement. A chaque nouvelle occupation de la caserne, cet inventaire est remis à l'officier directeur des écoles, pour que la vérification en soit faite de nouveau.

ART. 52.

Mobilier de la salle d'hippiatrique.

Chaque salle d'hippiatrique est munie du matériel d'enseignement nécessaire, lequel est fourni par le ministre de la guerre, sur les fonds du service du harnachement.

Le corps occupant est responsable des effets mobiliers de cette salle, dont la garde est confiée à un agent du service du génie, quand le corps ne doit pas en faire usage.

Lors des changements de garnison, la remise de ce matériel est faite par le corps au service du génie, avec les formalités qui sont prescrites par le dernier paragraphe de l'article qui précède.

ART. 53.

Matériel pour le service des manéges.

Il est fourni, par les soins et aux frais du service du génie, les objets mobiliers nécessaires au service et aux exercices du manége, tels que barrières, piliers, chandeliers, têtes, arrosoirs, pics à hoyaux, pelles et râteaux.

Ces objets sont entretenus par les corps, sur les fonds de la masse d'entretien du harnachement et du ferrage.

Leur renouvellement total ou partiel ne peut avoir lieu qu'en vertu d'une décision du ministre de la guerre, prise sur la production d'un procès-verbal dressé par le sous-intendant militaire, de concert avec le chef du génie, pour constater la nécessité de ce renouvellement.

Lors des changements de garnison, ce matériel est laissé par les corps à la garde du service du génie, avec les formalités qui sont prescrites par le dernier paragraphe de l'article 51 du présent règlement.

Le corps occupant est chargé de l'entretien du sol du manége.

ART. 54.

Matériel pour la voltige.

Il est établi, dans les casernes de cavalerie, un cheval de bois et des barres parallèles, pour les exercices de la voltige. Ces objets sont fournis, entretenus et renouvelés aux frais des corps, par les soins du service du génie.

ART. 55.

Matériel des gymnases et des écoles de natation.

Le matériel des gymnases régimentaires et celui des écoles de natation sont établis par les soins du service du génie, d'après les ordres du ministre de la guerre.

La dépense des fournitures et des travaux relatifs à ces matériels est imputée, à la diligence des fonctionnaires de l'intendance, sur les fonds des allocations spéciales accordées pour cet objet aux divers corps ou établissements.

ART. 56.

Matériel de tir.

Le matériel de tir est acheté, entretenu et renouvelé par les corps, sur les fonds de la masse générale d'entretien.

Lors des changements de garnison, il est laissé par les corps à la garde du service du génie, avec les formalités qui sont prescrites par le dernier paragraphe de l'article 51 du présent règlement.

ART. 57.

Mobilier des infirmeries régimentaires.

Les salles des infirmeries régimentaires sont garnies de tables, de bancs, de planches à pain et d'un rang de planches à bagages, dans la proportion du nombre de malades qu'elles peuvent contenir. On y place également des chaises à raison d'une par malade.

La salle de visite reçoit une ou deux armoires et une table à tiroir fermant à clef.

Il est fourni, en outre, un poêle en fonte à deux trous pour les tisanes, ainsi que deux marmites; l'une pour la tisanerie, l'autre pour les bains.

Tout cet ameublement est établi, entretenu et renouvelé par les soins et à la charge du service du génie.

Les baignoires, les bains de siége, les bains de pied, les bains de bras, les cylindres, quand il n'y a pas de fourneaux, les pots à tisane en fer battu, les gobelets en fer battu, les cuillers à distribution en fer battu, les passoires pour les tisanes, les mémoires de médecine, de chirurgie et de pharmacie militaire, et les instructions relatives au service des infirmeries régimentaires, sont fournis par le service de l'intendance. Le nombre de ces objets est subordonné à l'importance numérique des corps pour lesquels l'infirmerie est instituée.

Lors des changements de garnison, les divers objets mentionnés au paragraphe précédent sont laissés par les corps à la garde du génie, avec les formalités qui sont prescrites par le dernier paragraphe de l'article 51 du présent règlement.

Tous les autres objets mobiliers et ustensiles, tels que cuviers, cruches, pots, tasses, etc., sont achetés, entretenus et renouvelés par les corps.

ART. 58.

Ameublement des locaux disciplinaires.

Les locaux de punition sont garnis de lits de camp et de baquets de propreté d'un modèle particulier.

Cet ameublement est fourni, entretenu et renouvelé par les soins et à la charge du service du génie.

ART. 59.

Ameublement des corps de garde.

Les corps de garde établis dans un intérêt militaire reçoivent des lits de camp, des tables, des bancs, des planches à bagage, des planches à pain, des planchettes à consignes et des râteliers d'armes, dans la proportion du nombre d'hommes qu'ils doivent contenir.

On place des tables et des portemanteaux dans les corps de garde d'officiers.

Il est posé, près du corps de garde de police de chaque caserne, une boîte aux lettres, dont le vaguemestre a la clef.

Tous ces objets sont établis, entretenus et renouvelés par les soins et à la charge du service du génie.

Le reste de l'ameublement des corps de garde est fourni par l'administration militaire, soit directement, soit par l'intermédiaire d'une entreprise dite des lits militaires.

ART. 60.

Guérites.

Le département de la guerre ne fournit les guérites que pour les sentinelles placées dans un intérêt militaire.

Ces guérites sont établies, entretenues et remplacées par les soins et à la charge du service du génie.

ART. 61.

Outils et matériaux nécessaires pour l'entretien des cours.

Les corps sont chargés de l'entretien des parties non pavées des cours dans les établissements qu'ils occupent, et ils doivent laisser ces établissements en bon état lorsqu'ils les évacuent.

Le service du génie fournit les matériaux et les outils nécessaires pour cet entretien; les corps sont responsables des outils, qui sont entretenus et remplacés par le service du génie.

ART. 62.

Appareils des puits.

Les puits doivent être munis de pompes ou de poulies avec chaînes ou cordes et seaux en bois.

Ces appareils sont établis, entretenus et remplacés par les soins et aux frais du service du génie.

ART. 63.

Matériel pour la fourniture de l'eau potable.

Dans les bâtiments éloignés de plus de 500 mètres de toute eau potable, le service du génie fournit aux troupes, entretient et remplace les tonneaux à eau nécessaires. Ces tonneaux sont établis sur des chantiers, munis de robinets et fermés avec des couvercles cadenassés, dont la clef est remise au concierge.

Lorsque, d'après une décision du ministre, les corps doivent aller chercher eux-mêmes l'eau qui leur est nécessaire, il est mis à cet effet à leur disposition des voitures munies de tonneaux, qui sont fournies, entretenues et renouvelées par le service du génie.

Lorsqu'il y a lieu de recourir à des marchés pour la fourniture et pour le transport de l'eau potable, ces marchés sont passés à la diligence des fonctionnaires de l'intendance et à la charge du budget des subsistances militaires.

ART. 64.

Chariots porte-fourrages.

Les chariots porte-fourrages, ainsi que les harnais de trait, sont achetés, entretenus et renouvelés par les corps, sur les fonds de la masse d'entretien du harnachement et du ferrage. Lors des changements de garnison, les chariots et leurs accessoires sont remis à la garde du service du génie, avec les formalités qui sont prescrites par le dernier paragraphe de l'article 51 du présent règlement.

ART. 65.

Brancards.

Les brancards pour le transport à l'hôpital des hommes malades ou blessés sont fournis par le service du génie, en vertu d'une décision du ministre de la guerre, prise sur la production d'un procès-verbal dressé par le sous-intendant militaire, de concert avec le chef du génie, pour constater la nécessité de cette fourniture.

Les brancards sont entretenus et remplacés par le service du génie, et déposés dans les corps de garde de police des casernes.

ART. 66.

Poêles.

La fourniture des poêles dans les casernes, pour le chauffage des chambres, des ateliers et des infirmeries, est à la charge du service du génie, ainsi que leur entretien et leur remplacement.

Le nombre des poêles à fournir est déterminé par un procès-verbal dressé par le sous-intendant militaire, de concert avec le chef du génie. Ce nombre est réglé principalement sur celui des rations de chauffage allouées aux corps, et dans la proportion moyenne de trois poêles par ration collective de l'ordinaire.

Le montage, le démontage et le transport des poêles sont effectués sans frais par la troupe, sous la direction d'un agent du service du génie.

ART. 67.

Pompes à incendie.

Lorsqu'il existe des pompes à incendie dans la place, les soins relatifs à leur conservation et à leur entretien sont confiés spécialement à un garde du génie ; ce garde assiste aux exercices que l'on doit faire faire à la troupe pour la former au maniement de la pompe, dont il dirige la manœuvre en cas d'incendie.

Les pompes sont remisées dans un hangar ou local couvert.

ART. 68.

Drapeaux.

Il est pourvu, par les soins et aux frais du service du génie, à la fourniture, à la pose et à l'entretien des drapeaux ou pavillons à placer sur les édifices militaires, sur les forts et dans les citadelles.

La fourniture, ainsi que le renouvellement des drapeaux, n'a lieu qu'en vertu d'une décision du ministre de la guerre, prise sur la production d'un procès-verbal dressé par le sous-intendant militaire, de concert avec le commandant de place et avec le chef du génie.

Les drapeaux à placer à la porte des casernes, sur les forts et dans les citadelles, ne sont arborés qu'aux jours de fêtes publiques. En dehors de ces circonstances, ils sont conservés dans les magasins du génie.

ART. 69.

Planchettes pour le nettoyage des buffleteries.

Les planchettes destinées au nettoyage des buffleteries noires sont fournies aux troupes à pied par le service du génie, à raison de 8 par compagnie dans les régiments d'infanterie de ligne, et de 12 par compagnie dans les bataillons de chasseurs à pied.

Le remplacement et l'entretien des planchettes sont à la charge de la masse générale d'entretien des corps, qui, lors des changements de garnison, remettent ces objets à la garde du service du génie, avec les formalités prescrites par le dernier paragraphe de l'article 51 du présent règlement.

Il est expressément interdit aux troupes de nettoyer les buffleteries sur les tables et sur les bancs, sans l'interposition des planchettes.

ART. 70.

Balances.

Les corps sont pourvus de balances à bras égaux, pour peser les denrées destinées aux ordinaires. Ces balances sont au nombre de trois dans les régiments d'infanterie de ligne ; de deux dans les bataillons de chasseurs à pied, et de deux dans les régiments de cavalerie. Leur achat et leur remplacement sont à la charge de la masse générale d'entretien, et les réparations sont payées sur les fonds des ordinaires.

Lors des changements de garnison, les balances sont remises par les corps au service du génie, avec les formalités prescrites par le dernier paragraphe de l'article 51 du présent règlement.

ART. 71.

Appareils d'éclairage.

La dépense de l'éclairage intérieur des établissements du casernement est généralement à la charge des corps, des administrations ou des fonctionnaires qui les occupent, tant pour l'achat et l'entretien des appareils que pour la consommation du combustible.

Dans les chambres de la troupe, l'éclairage est au compte de l'ordinaire; dans les corridors, les escaliers, les écuries, les infirmeries, les écoles régimentaires et autres locaux accessoires du casernement, il est au compte de la masse générale d'entretien pour les troupes à pied, et au compte de la masse d'entretien du harnachement et du ferrage pour les troupes à cheval.

Les appareils d'éclairage à la charge de la masse des corps sont, lors des changements de garnison, laissés à la garde du service du génie, avec les formalités prescrites par le dernier paragraphe de l'article 51 du présent règlement.

La dépense de l'éclairage extérieur des établissements affectés au logement des troupes incombe au service du génie pour l'achat et l'entretien des appareils. Le service de l'intendance militaire assure la fourniture du combustible et des mèches, ainsi que les opérations journalières de nettoyage.

Lorsque les établissements des services administratifs doivent être éclairés à l'extérieur, ces services restent chargés de la fourniture, de la pose et de l'entretien des appareils, et assurent, d'après les règlements spéciaux, la fourniture du combustible, ainsi que les soins de nettoyage et d'allumage : toutefois, les frais de la pose incombent au service du génie, quand il en est ainsi décidé par le ministre, à raison de l'importance des travaux de maçonnerie, de charpente, etc., que cette pose peut exiger.

Le matériel nécessaire à l'éclairage des corps de garde est fourni, entretenu et renouvelé au compte de l'État, à la diligence du service de l'intendance militaire.

En ce qui concerne particulièrement l'éclairage au gaz, dans tout établissement du casernement, quelle que soit son affectation, la fourniture et la pose des conduits sont opérées par les soins et à la charge du service du génie; quant à la fourniture et à la pose des appareils, tels qu'appliques, becs, compteurs, etc., ainsi qu'à la fourniture du gaz, tant pour l'éclairage intérieur que pour l'éclairage extérieur, elles incombent soit au service de l'intendance militaire, soit aux occupants, suivant ce qui est déterminé par des règlements spéciaux ou par des décisions ministérielles particulières.

ART. 72.

Ifs pour les illuminations.

Le service du génie est chargé de fournir et d'entretenir les ifs destinés aux illuminations des établissements affectés au logement des troupes.

Les frais d'illumination et ceux de transport, de pose et de déplacement des ifs sont à la charge des corps, des services, des officiers ou des employés qui occupent les établissements.

ART. 73.

Les effets mobiliers ne doivent pas être déplacés.

Les chefs de corps doivent tenir la main à ce que les objets d'ameublement ne soient, sous aucun prétexte, transportés d'une chambre dans une autre, ni détournés de la destination qui leur est affectée.

ART. 74.

Cas de fournitures autres que celles qui sont prescrites au présent règlement.

Toutes fournitures autres que celles qui sont explicitement prescrites ou autorisées par le présent règlement ne pourront être faites que sur un ordre spécial du ministre.

TITRE VI.

OCCUPATION DES PAVILLONS ET DES CASERNES PAR LES TROUPES.

ART. 75.

Avis de l'arrivée d'un corps de troupe.

Aussitôt que le commandant de place reçoit l'avis de l'arrivée d'un corps de troupes, il en informe le sous-intendant militaire et le chef du génie, en leur faisant connaître l'effectif du corps et le jour de son arrivée, et il désigne les bâtiments militaires qui doivent être occupés par ce corps.

Le sous-intendant militaire et le chef du génie prennent, chacun en ce qui le concerne, les dispositions nécessaires pour assurer l'installation de la troupe à son arrivée.

ART. 76.

Mesures à prendre à l'arrivée de l'officier de casernement.

L'officier de casernement qui précède le corps se présente, à son arrivée, chez le commandant de place, pour connaître les bâtiments assignés à la troupe.

Il se rend ensuite chez le sous-intendant militaire, qui, sur le vu de l'ordre dont il est porteur, prend les mesures nécessaires pour que le corps soit mis immédiatement en possession du logement qui lui est assigné, ainsi que des objets de couchage et de mobilier alloués par les règlements.

ART. 77.

Désignation des locaux à occuper.

Le nombre des chambres et des autres locaux à livrer est réglé par le sous-intendant militaire sur l'effectif du corps ou de la fraction de corps à loger, et en se conformant aux dispositions des titres III et IV du présent règlement.

Cette fixation ne doit pas être dépassée, quel que soit d'ailleurs le nombre des chambres et autres locaux restant disponibles.

ART. 78.

Prise de possession du logement.

L'officier de casernement, dans la visite qu'il fait de tous les locaux affectés au corps pour en prendre possession, est accompagné d'un garde du génie, avec lequel il vérifie l'état descriptif des lieux et l'inventaire des effets mobiliers.

L'officier sans troupe ou l'employé militaire opère de la même manière que l'officier de casernement, pour la prise de possession du logement qui lui est affecté.

ART. 79.

État descriptif des lieux.

Le chef du génie fait établir pour chaque bâtiment, et conserve dans les archives du génie de la place, un état descriptif des lieux, détaillé par chambre et contenant l'inventaire des objets d'ameublement entretenu par le service du génie.

A chaque nouvelle occupation des bâtiments, une expédition de cet état est remise au garde du génie, qui la présente à l'officier de casernement, pour la vérification de l'état des lieux et des objets ci-dessus mentionnés. Cette expédition, après avoir été rectifiée au besoin, et complétée par l'inscription, à la suite, des outils et des ustensiles entretenus par le service du génie, qui, sans faire partie des chambres ou autres locaux, sont mis à la disposition du corps, est signée par l'officier de casernement et par le garde du génie, visée par le sous-intendant et déposée au bureau du génie; une copie en est donnée à l'officier de casernement.

ART. 80.

Inventaire des objets qui ne sont pas entretenus par le service du génie.

Les objets et les ustensiles que possèdent les corps, mais qu'ils n'emportent pas avec eux, et qui, lors des changements de garnison, sont confiés momentanément à la garde des agents du génie, tels que le matériel des écoles régimentaires, celui de tir, celui des infirmeries régimentaires, les chariots à fourrages, etc., et plus généralement tous les objets et ustensiles qui ne sont pas entretenus par le service du génie, donnent lieu à un inventaire dressé à la diligence du sous-intendant militaire.

A chaque nouvelle occupation des établissements, une expédition de cet inventaire est remise au garde du génie, qui la présente à l'officier de casernement, pour la vérification des objets qui s'y trouvent portés. Après cette vérification, l'expédition, rectifiée s'il y a lieu, est signée par l'officier de casernement, et déposée au bureau du sous-intendant militaire, qui la vise; une copie en est délivrée à l'officier de casernement.

ART. 81.

Difficultés concernant la prise de possession du casernement.

En cas de difficultés dans la prise de possession du casernement, l'officier de casernement consigne ses observations, soit sur l'état des lieux, soit sur l'inventaire, suivant les cas, et appose sa signature à la suite.

S'il s'agit de l'installation de la troupe, le sous-intendant militaire, après s'être concerté avec le major, ou, à son défaut, avec un délégué du chef de corps, fait droit aux observations de l'officier de casernement, ou décide qu'il y a lieu de passer outre.

Si les difficultés concernent l'état d'entretien des bâtiments ou du mobilier fourni par le service du génie, l'officier du génie doit être appelé pour donner son avis; il signe alors l'état des lieux ou l'inventaire, et, après s'être concerté avec le major ou avec le délégué du chef de corps, il admet les observations de l'officier de casernement, ou il décide qu'il y a lieu de passer outre.

Dans ces deux cas, les corps sont tenus de se conformer aux décisions prises; mais ils ont le droit de faire valoir leurs réclamations auprès de l'autorité supérieure.

ART. 82.

Remise des clefs et responsabilité des corps.

Immédiatement après la signature de l'état des lieux et de l'inventaire, les clefs sont remises à l'officier de casernement, qui en donne un reçu, et les corps deviennent responsables des dégradations et des pertes résultant de leur fait, tant pour les bâtiments militaires que pour les objets mobiliers qui leur ont été remis.

ART. 83.

Formalités à remplir en cas de mutations dans le logement.

Si, pour quelque cause que ce soit, sans qu'il y ait de changement dans la composition de la garnison, le commandant de place juge à propos de faire opérer quelques mutations dans le logement des troupes, il en prévient le chef du génie et le sous-intendant militaire, afin que les formalités prescrites par les articles 77, 78, 79, 80, 81 et 82 ci-dessus soient remplies pour ces mutations, comme elles l'ont été pour les premières occupations.

ART. 84.

Évacuation de locaux par suite d'une réduction d'effectif.

Lorsqu'un corps éprouve quelque réduction par le départ ou par l'absence soit de quelques officiers, soit d'une partie du corps, l'officier de casernement doit remettre sur-le-champ au service du génie les locaux devenus vacants, en se conformant aux dispositions du titre VIII ci-après.

Le sous-intendant militaire est spécialement chargé de veiller à l'exécution de cette prescription.

ART. 85.

Réception des corps de garde. — Responsabilité des chefs de poste.

Les corps de garde sont remis aux adjudants de place par les gardes du génie, de la même manière que le casernement est remis aux officiers de casernement.

En cas de contestation, le chef du génie se concerte avec le commandant de place, et, s'ils ne tombent pas d'accord, ils ont recours à l'autorité supérieure.

Le chef de poste de chaque garde montante vérifie l'état du corps de garde et de tous les objets dont l'inventaire est affiché à côté de la consigne, et il fait, immédiatement après cette visite, le rapport au commandant de place, sur les dégradations et sur les objets manquants; faute de quoi, il en devient responsable.

La réparation des dégradations et le remplacement des objets manquants ont lieu aux frais du chef de poste de la garde descendante, sauf recours contre qui de droit dans les formes indiquées ci-après au titre IX, concernant les dégradations et les pertes.

Les officiers de ronde et les adjudants de place doivent vérifier, chaque jour, l'état des corps de garde et des objets consignés, et assurer leur bon entretien.

TITRE VII.

POLICE DES BÂTIMENTS MILITAIRES OCCUPÉS PAR LES TROUPES.

ART. 86.

Police des commandants de place.

Les commandants de place donnent tous les ordres nécessaires pour la police des établissements occupés par la troupe.

Ils visitent eux-mêmes ces établissements et les font visiter fréquemment par leurs adjudants, afin de s'assurer que les prescriptions relatives à l'assiette du logement et à la propreté sont exactement observées.

Lorsque les commandants de place jugent que les défauts habituels de propreté tiennent au manque d'ustensiles ou à la nécessité de faire exécuter des réparations au compte de l'État, ils en préviennent les chefs du génie, qui, dans ce dernier cas, opèrent comme il est dit au titre XIII ci-après.

ART. 87.

Police des chefs de corps.

Il est expressément enjoint aux chefs de corps, d'une part, d'empêcher le maniement des armes, les exercices et les leçons d'escrime et de danse dans les chambres, dans les corridors et dans les pièces autres que celles qui sont destinées à cet usage; et, d'autre part, de ne changer ni laisser changer la destination d'aucun local.

ART. 88.

Les personnes non militaires ne peuvent loger dans les bâtiments militaires.

Nul individu qui n'est point militaire en activité de service, ou qui ne fait pas partie d'une administration de la guerre, ne peut occuper un local quelconque dans un bâtiment militaire, à moins d'une autorisation spéciale du ministre de la guerre.

ART. 89.

L'entrée dans les établissements militaires est interdite à tout individu non militaire qui n'est pas porteur d'une permission du chef de corps, à moins qu'il ne soit muni d'un laissez-passer signé par le commandant de place, par le sous-intendant militaire ou par le chef du génie.

Formalités exigées pour entrer dans les établissements militaires.

L'entrée desdits établissements ne peut être toutefois refusée aux agents de l'autorité civile, lorsqu'elle est réclamée dans les formes légales.

ART. 90.

Les corps entretiennent dans un parfait état de propreté l'intérieur de tous les locaux qu'ils occupent, ainsi que les escaliers, les corridors, les cours, etc., conformément aux prescriptions des règlements sur le service intérieur. Ils sont tenus à prendre les mêmes soins devant les façades des casernes, le long de la voie publique, en se conformant à cet égard aux règlements de la police locale.

Les corps sont chargés de la propreté intérieure et extérieure des casernes.

Les corps doivent également entretenir la plus grande propreté dans les latrines; à cet effet, des hommes de corvée sont commandés chaque jour pour nettoyer ces locaux et pour les laver avec soin aussi souvent qu'il est nécessaire.

Lorsque l'emploi des matières désinfectantes a été prescrit pour ces soins de propreté, la fourniture de ces matières est faite par le concierge des bâtiments militaires, conformément aux ordres qu'il reçoit du service du génie.

ART. 91.

Le numéro de chaque chambre, sa destination et le nombre de lits qu'elle peut contenir, quand elle est affectée au logement des hommes, sont inscrits au-dessus de la porte d'entrée. Cette inscription ne peut être changée que dans le cas où quelque mutation dans l'assiette du logement est autorisée par le ministre.

Inscription des numéros et des contenances des chambres.

ART. 92.

L'extrait du présent règlement, en ce qui touche la police et la pro-

Affiches dans les casernes.

preté des établissements militaires occupés, doit, afin que nul n'en ignore, être affiché par les soins du chef du corps, et, au besoin, du commandant de place, dans les lieux les plus apparents des bâtiments, au moyen d'imprimés fournis en nombre suffisant par le service du génie.

ART. 93.

Dépôts de fumiers.

Les dépôts de fumiers ne doivent jamais être placés près des portes, ni contre les murs des écuries. Ils sont éloignés, autant que possible, des logements.

Les fumiers sont enlevés au moins une fois tous les huit jours.

ART. 94.

Visite du casernement par les inspecteurs; registre des observations.

Dans la visite des locaux occupés par les corps ou par les services dont ils ont l'inspection, les inspecteurs généraux d'armes et les intendants militaires, ainsi que les inspecteurs des divers services dépendant du département de la guerre, sont accompagnés par le chef du génie, ou, à son défaut, par l'officier ou l'agent qui le supplée, et ils consignent toutes les observations et toutes les propositions que leur a suggérées la visite du casernement, sur un registre tenu *ad hoc* dans chaque place, et qui leur est présenté par le chef du génie.

ART. 95.

Suite à donner aux observations des inspecteurs.

Le tableau des observations et des propositions faites dans l'année de l'inspection, conformément aux dispositions de l'article précédent, est remis, par le directeur des fortifications, avec tous les renseignements nécessaires, à l'inspecteur général du génie, qui le transmet au ministre, en faisant connaître son opinion sur chaque point.

Pour toutes les places non visitées par l'inspecteur général du génie, et pour toutes celles où cet officier général aurait précédé les autres inspecteurs, ce tableau est transmis au ministre, avant le 31 décembre, par le directeur des fortifications, qui y joint les renseignements nécessaires.

ART. 96.

Rapports des inspecteurs généraux du génie au sujet de la tenue du casernement.

Tous les ans, les inspecteurs généraux du génie, après avoir visité les établissements militaires et examiné le registre des dégradations et des pertes dont il sera parlé ci-après à l'article 112, titre IX, signalent au ministre la manière dont les corps occupent leurs casernements et les soins qu'ils apportent à la conservation et à la bonne tenue des bâtiments et des objets mobiliers qui leur sont confiés.

Le ministre fait connaître aux généraux commandant les divisions les observations auxquelles ces renseignements peuvent donner lieu.

TITRE VIII.

ÉVACUATION DES PAVILLONS ET DES CASERNES.

ART. 97.

Formalités à remplir pour la reprise du casernement par le service du génie.

Aussitôt que l'ordre de départ d'un corps ou d'un détachement lui est parvenu, le commandant de place en prévient le chef du génie et le sous-intendant militaire, qui prescrivent, chacun en ce qui le concerne, les dispositions nécessaires pour la reprise des logements et de tous les objets qui ont été remis en charge au corps occupant.

ART. 98.

Les locaux doivent être remis propres et en ordre.

Tout corps de troupe qui évacue un logement pour quelque motif et avec quelque précipitation que ce soit, doit rendre la totalité des chambres, des corridors, des escaliers, des écuries et des autres locaux qu'il a occupés, dans un état de propreté tel, qu'on puisse les livrer immédiatement à un autre corps.

Le commandant du corps ou du détachement doit donc ordonner que le balayage et le nettoyage des chambres et des autres locaux soient opérés la veille du départ aussitôt après que les fournitures de couchage sont sorties des casernes.

Cet officier reste, d'ailleurs, responsable de l'exécution des mesures qu'il a prescrites.

Les officiers sans troupes et les employés militaires sont pareillement tenus de rendre leurs logements propres et en état d'être habités sur-le-champ.

ART. 99.

Cas de départ précipité.

Dans le cas d'un départ précipité, le nettoyage s'opère en même temps que la remise des fournitures de couchage; et, si la troupe est obligée de partir avant que cette opération ne soit faite, le commandant du corps ou du détachement laisse toujours, pour y procéder, un officier ou un sous-officier avec des hommes de corvée.

ART. 100.

Nettoyage effectué d'office.

Lorsqu'un corps de troupe, des officiers ou des employés de l'armée quittent un logement militaire sans l'avoir mis en état de propreté, le garde du génie en rend compte immédiatement au chef du génie, qui en informe le commandant de place et le sous-intendant militaire, en les prévenant qu'il va employer les ouvriers nécessaires pour que le logement soit remis en état d'être occupé.

La dépense résultant du nettoyage d'office est constatée et remboursée ainsi qu'il est prescrit au titre IX ci-après.

ART. 101.

Vérification de l'état des lieux et de l'inventaire.

Lorsqu'un corps de troupe, des officiers ou des employés de l'armée quittent un logement, le garde du génie fait, avec l'officier de casernement ou avec les officiers et employés partants, la visite de tous les locaux qui doivent lui être remis; et il vérifie, contradictoirement avec eux, l'état descriptif des lieux et l'inventaire mentionnés aux articles 79 et 80 ci-dessus, pour reconnaître, en les rapprochant, au besoin, des copies remises à l'officier de casernement, les dégradations et les pertes qui peuvent exister.

Si un corps vient à partir sans qu'il ait été procédé à la visite des bâtiments évacués et sans qu'il ait été désigné un officier du corps pour y assister, l'état des lieux et l'inventaire sont vérifiés d'office. A cet effet, sur l'invitation du sous-intendant-militaire, le corps est représenté, dans cette vérification, par le commandant de place ou par un officier désigné par ce dernier, et, à défaut d'officier, par le maire de la localité ou par son délégué.

ART. 102.

Certificat de bon état des lieux.

Le sous-intendant militaire, lorsque le chef du génie l'a informé de la remise des clefs, délivre un certificat en vertu duquel le corps est déchargé de toute responsabilité relative à son logement, sauf le payement des dégradations et des pertes régulièrement constatées.

Les mêmes formalités ont lieu lors de l'évacuation des logements des officiers et des employés militaires.

ART. 103.

Les corps ne peuvent, à leur départ, conserver aucun local.

A leur départ d'une garnison, les corps ne peuvent conserver à leur disposition aucun local, sous quelque prétexte que ce soit.

TITRE IX.

DÉGRADATIONS ET PERTES DANS LES PAVILLONS ET DANS LES CASERNES.

ART. 104.

Constatation des dégradations et des pertes.

Une visite générale des bâtiments occupés est faite par l'officier de casernement et par le garde du génie, au moins une fois par trimestre, indépendamment de celle qui a lieu à chaque évacuation d'un bâtiment ou d'une partie de bâtiment.

Les dégradations résultant du fait des occupants, ainsi que les détériorations et les pertes d'objets de casernement, d'ustensiles et d'outils remis à la troupe, sont à la charge des corps.

Le chef du génie établit immédiatement et en détail l'état de ces dégradations et de ces pertes, en indiquant approximativement la dépense des réparations et des remplacements à la charge du corps, et il transmet cette pièce au sous-intendant militaire, qui en dresse un procès-verbal auquel il annexe l'état, et fait présenter le tout à la signature de l'officier de casernement.

ART. 105.

Cas de refus de signer le procès-verbal des dégradations et des pertes.

Si l'officier de casernement refuse de signer le procès-verbal des dégradations et des pertes, le sous-intendant militaire, après vérification sur les lieux, de concert avec le chef du génie et avec le major, ou, à son défaut, avec l'officier délégué par le chef de corps, constate sur cette pièce le résultat de cette vérification; et il est passé outre.

ART. 106.

Réparation des dégradations et remplacement des objets perdus.

Le procès-verbal des dégradations et des pertes est adressé par le sous-intendant militaire au chef du génie. Celui-ci en envoie sur-le-champ une expédition, avec l'état y annexé, à l'entrepreneur des travaux militaires, et lui donne l'ordre de faire les réparations et les remplacements nécessités par les dégradations et par les pertes portées sur cet état.

Ces réparations et ces remplacements sont exécutés le plus tôt possible, d'après ce même état, aux prix et suivant les conditions du marché approuvé par le ministre de la guerre pour les travaux de la place.

ART. 107.

Certificat d'exécution des réparations et des remplacements.

Lorsque toutes les réparations sont achevées et que tous les remplacements sont faits, le chef du génie le certifie au bas de l'expédition du procès-verbal des dégradations et des pertes, remise à l'entrepreneur.

Une déclaration semblable est demandée à l'officier de casernement.

Si cette déclaration était refusée, ou si cet officier était parti, le chef du génie et le sous-intendant militaire, de concert avec le major ou tout autre délégué du corps, s'il y en avait dans la place, mentionneraient les circonstances de cette vérification à la suite du certificat précité.

ART. 108.

Payement des frais de réparation et de remplacement lorsque le corps est présent.

L'entrepreneur présente au sous-intendant militaire le procès-verbal revêtu du certificat d'exécution et une copie certifiée du règlement de compte des réparations et des remplacements.

Le sous-intendant annexe ces pièces à un mandat de payement qu'il délivre sur le corps au profit de l'entrepreneur.

Ce mandat est acquitté par le trésorier ou par le payeur, qui le remet en compte au corps lors du premier payement de la solde.

La retenue sur chaque payement de la solde du corps, pour cause de dégradations ou de pertes, ne peut toutefois excéder le cinquième du chiffre auquel se monte ce payement.

ART. 109.

Payement des frais de réparation et de remplacement quand le corps est absent.

Si le corps est absent, le sous-intendant militaire de la place dans laquelle les dégradations et les pertes ont été faites transmet le procès-verbal, revêtu du certificat d'exécution, et la copie certifiée du compte des réparations et des remplacements, au sous-intendant militaire de la nouvelle garnison, lequel fait payer l'entrepreneur, par le corps, du montant de ces réparations et de ces remplacements, comme si les dégradations ou les pertes avaient eu lieu dans cette dernière localité.

ART. 110.

Réclamations contre les imputations.

Les corps ont six mois pour se pourvoir auprès du ministre de la guerre contre les imputations qui leur sont faites. Passé ce temps, les réclamations ne sont plus admises.

ART. 111.

Dégradations et pertes dans les logements d'officiers sans troupes ou d'employés militaires.

Les dégradations et les pertes faites dans des logements d'officiers sans troupes ou d'employés militaires sont constatées, réparées ou payées, en suivant des règles pareilles à celles qui font l'objet des articles 104 et suivants pour le cas de dégradations ou de pertes concernant la troupe.

ART. 112.

Registre des dégradations et des pertes.

Le chef du génie tient un registre spécial des dégradations et des pertes au compte des corps, des officiers et des employés. On y indique la date des procès-verbaux qui constatent ces dégradations et ces pertes, et on y copie les comptes définitifs des réparations et des remplacements, ainsi que les certificats d'exécution.

Ce registre est présenté aux inspecteurs généraux du génie en tournée; il peut être consulté par les chefs de corps et par les inspecteurs généraux d'armes, s'ils en font la demande.

TITRE X.

ÉTABLISSEMENTS DES SERVICES ADMINISTRATIFS ET DE LA JUSTICE MILITAIRE.

ART. 113.

Services administratifs en gestion directe.

Les bâtiments affectés aux services administratifs en gestion directe sont, sauf les dispositions particulières contenues dans le présent règlement et dans les règlements spéciaux qui concernent ces services, soumis aux mêmes règles que les bâtiments affectés au logement de la troupe, en ce qui concerne l'aménagement, la prise de possession des locaux et des objets mobiliers, l'entretien de la propreté, l'évacuation des bâtiments et la réparation des dégradations et des pertes; seulement, il faut appliquer aux agents comptables de ces services les prescriptions qui, dans les titres précédents, se rapportent aux corps occupants.

L'ameublement fixe qui garnit les établissements dont il s'agit est fourni, posé, entretenu et remplacé par le génie dans les limites prescrites par les règlements spéciaux qui concernent ces services; toutefois, les mécanismes des usines sont, pour les dépenses de premier établissement et d'entretien, à la charge des services qui les utilisent, sauf à faire exécuter, au besoin, ces travaux par le service du génie, moyennant remboursement. Tous les autres objets mobiliers sont à la charge des services occupants.

ART. 114.

Services administratifs confiés à l'entreprise.

Lorsqu'un service administratif est fait à l'entreprise, l'adjudicataire se procure, à ses frais, les locaux nécessaires à son exploitation.

Toutefois, lors de la passation d'un marché ou dans le cours de son exécution, l'entrepreneur peut être mis, par mesure exceptionnelle, en possession des locaux et du mobilier de l'État aux diverses conditions qui sont stipulées dans des règlements spéciaux ou fixés particulièrement par le ministre de la guerre.

Aucune concession gratuite de locaux ni de mobilier ne peut être faite aux entrepreneurs des services administratifs, en augmentation des locaux et du matériel dont ils sont appelés à jouir d'après les clauses de leurs marchés.

ART. 115.

Tribunaux militaires.

Il est affecté, autant qu'il est possible, aux conseils de guerre et aux conseils de révision, les pièces suivantes :

1° Une salle d'audience ;
2° Une salle de délibération ;
3° Une salle d'attente pour les témoins ;
4° Une salle pour les prévenus.

En général, ces quatre pièces sont communes aux tribunaux militaires qui siégent dans la même ville.

Il est affecté, en plus :

A chaque conseil de guerre, une salle pour les archives et pour le greffe, et deux bureaux, l'un pour le rapporteur et l'autre pour le commissaire impérial ;

Et à chaque conseil de révision, une salle pour les archives et pour le greffe, et un bureau pour le commissaire impérial.

Enfin il doit y avoir un logement de gardien ou concierge, et, autant qu'il est possible, un corps de garde.

La confection, l'entretien et le remplacement de l'ameublement fixe des conseils de guerre sont à la charge du service du génie.

Les frais d'achat, d'entretien et de remplacement des autres objets mobiliers des conseils de guerre sont à la charge du budget de la justice militaire.

ART. 116.

Pénitenciers, prisons, ateliers de condamnés.

L'organisation des pénitenciers, des prisons et des ateliers de condamnés est réglée, autant que les localités s'y prêtent, d'après les bases posées par les règlements spéciaux arrêtés par le ministre de la guerre.

Pour les fournitures et l'entretien du mobilier, le service du génie se conforme à ce que les décisions spéciales du ministre prescrivent à cet égard.

Il est pourvu à la réparation des dégradations et des pertes, ainsi qu'au payement de la dépense, de la manière prescrite par le titre IX du présent règlement pour le cas des établissements affectés au logement des troupes.

TITRE XI.

LOCATIONS.

ART. 117.

Formalités préliminaires pour les locations.

Aucune location n'est faite pour les besoins du service du casernement que sur une autorisation du ministre de la guerre, sauf les cas d'urgence.

La nécessité de cette mesure doit être constatée, au préalable, par un procès-verbal qui est dressé par le sous-intendant militaire de concert avec le chef du génie, et, s'il s'agit du logement des troupes, avec le concours du commandant de place, lorsqu'il est titulaire.

Ce procès-verbal indique le but de la location, la désignation de la chose à louer, le degré de convenance qu'elle offre pour la destination qu'elle doit remplir, le prix du loyer et toutes les conditions à insérer dans le bail, soit à la charge du preneur, soit à celle du bailleur.

Il est transmis au ministre par l'intendant de la division, qui y joint ses observations ainsi que l'avis du directeur des fortifications.

Les formalités qui précèdent s'appliquent aussi au renouvellement et à la prorogation des baux de location.

ART. 118.

Établissement des baux.

Les baux sont passés de gré à gré entre l'administration de la guerre et le propriétaire de la chose louée. Ils sont dressés sous seing privé par les sous-intendants militaires, de concert avec les officiers du génie.

Ils doivent exprimer :

1° La date du procès-verbal prescrit par l'article 117;

2° La décision ministérielle approbative de la proposition de location;

3° La description sommaire de la chose louée;

4° Le service pour lequel la location est faite, et la destination particulière de la chose louée;

5° La durée du bail;

6° Le prix de loyer, l'époque des payements et toutes les conditions de la location.

L'époque des payements est fixée par mois, par trimestre, par semestre ou par année, et combinée de façon à correspondre à chaque exercice d'année.

Il est expressément mentionné dans la rédaction des baux qu'ils sont passés sous réserve de l'approbation du ministre, sans laquelle ils ne peuvent sortir leur effet.

ART. 119.

Expéditions et ampliations des baux.

Les baux sont dressés en trois expéditions originales et signées par le sous-intendant militaire, par le chef du génie et par le bailleur ou son représentant légal. Dans ce dernier cas, ils mentionnent spécialement la procuration du fondé de pouvoirs et la justification de son titre.

Ils sont revêtus du visa de l'intendant divisionnaire.

Une des trois expéditions est destinée au ministre de la guerre, à qui elle est transmise par l'intendant divisionnaire;

Une autre au bailleur,

Et la troisième au sous-intendant militaire, qui en délivre deux ampliations, l'une à l'intendant divisionnaire, l'autre au chef du génie.

Si la location est contractée pour les besoins d'un service administratif, le sous-intendant délivre une troisième ampliation à l'agent comptable chargé de ce service.

ART. 120.

Enregistrement des baux.

Après que les baux ont été approuvés par le ministre, ils sont soumis par le sous-intendant militaire à la formalité du timbre et de l'enregistrement.

Le visa pour timbre et l'enregistrement sont gratuits, lorsqu'ils sont laissés par le bail à la charge de l'État; quand, au contraire, ils sont mis à la charge du propriétaire, l'enregistrement est soumis au droit fixe de deux francs, décimes en sus. (Loi du 15 mai 1850, article 8.)

ART. 121.

Prise de possession. — État de lieux ou inventaire.

La prise de possession s'effectue au moyen d'un état de lieux ou inventaire, dressé contradictoirement par un garde du génie et par le bailleur. Cet état ou inventaire est reconnu par l'agent militaire préposé à la conservation de la chose louée, et soumis au contrôle et au visa du sous-intendant militaire et du chef du génie.

S'il s'agit d'une location contractée pour le service du casernement, l'état des lieux ou l'inventaire est dressé en deux originaux, l'un est délivré au bailleur, l'autre est conservé dans les archives du chef du génie, qui en remet une ampliation au concierge responsable.

S'il s'agit d'une location contractée pour les besoins d'un service administratif, l'état des lieux ou l'inventaire est également dressé en deux originaux, qui sont délivrés, l'un au bailleur, et l'autre au sous-intendant militaire, qui en remet une ampliation à l'agent comptable chargé de ce service.

ART. 122.

Les baux sont soumis aux dispositions du Code.

L'exécution des baux, leur résiliation quand il y a lieu, et leur tacite reconduction, sont soumises à toutes les dispositions prescrites par le Code Napoléon.

ART. 123.

Fonctionnaires chargés de l'exécution des baux.

Les fonctionnaires de l'intendance sont exclusivement chargés de surveiller et d'assurer l'exécution de toutes les conditions des baux passés pour l'exploitation des services administratifs. Ils partagent ce soin avec les officiers du génie, en ce qui concerne les locations contractées pour toute autre partie du service du casernement.

ART. 124.

Payement des loyers.

Les intendants militaires sont exclusivement chargés de tout ce qui est relatif au payement des loyers; ils dressent et expédient les mandats pour l'acquittement de ces dépenses.

Ils transmettent au ministre les bordereaux mensuels de ces payements, conformément à l'article 99 du règlement du 1er décembre 1838, et, à la fin de chaque année, les états de comptabilité y relatifs pour servir à leur liquidation.

Les loyers, pour tout ce qui est relatif au casernement des troupes, sont payés sur les fonds du service du génie; mais chacun des services administratifs pourvoit, sur ses propres fonds, à la dépense des locations faites dans son intérêt spécial.

Au renouvellement de chaque année, l'état, arrêté à la date du 1er janvier, des baux contractés par l'administration de la guerre, est adressé par l'intendant militaire au ministre de la guerre (3e direction, service du génie) pour les baux passés à la charge du génie, et (4e direction, administration) pour ceux qui sont à la charge de l'administration de la guerre.

ART. 125.

Travaux au compte des bailleurs.

Les travaux de réparation ou d'amélioration de la chose louée, dont la charge incombe au bailleur d'après les stipulations du bail, sont réclamés par le service occupant, et effectués à la requête des fonctionnaires de l'intendance, sous la surveillance des officiers du génie. Lorsque l'exécution de ces travaux est refusée ou mal faite par le bailleur, le sous-intendant militaire, de concert avec le chef du génie, le constate par un procès-verbal, qui est transmis au ministre par l'intendant militaire, pour être statué ce que de droit.

ART. 126.

Cas d'impossibilité de trouver de gré à gré des bâtiments ou des terrains à prendre à loyer.

Lorsque les sous-intendants militaires ne peuvent trouver de gré à gré les locaux nécessaires au logement des troupes de la garnison ou aux différents services du département de la guerre, ils s'adressent aux autorités civiles, qui doivent intervenir pour les leur procurer, conformément à ce qui est prescrit par les dix premiers articles non abrogés du titre V de la loi du 10 juillet 1791.

En cas de non-conciliation sur le prix du loyer, il y est pourvu par une fixation judiciaire.

S'il y a urgence, l'autorité civile désigne les locaux qui doivent être mis à la disposition du département de la guerre, sous la condition d'acquitter le prix de location qui sera ultérieurement déterminé.

ART. 127.

Remise au propriétaire de la chose louée.

Lorsqu'il y a lieu de rendre la chose louée à son propriétaire, la remise en est faite d'après l'état des lieux.

Les dégradations et les pertes provenant du fait des occupants sont réparées au préalable, et l'imputation de la dépense est faite à qui de droit, d'après les dispositions du titre IX du présent règlement.

La décharge du garde du génie, du comptable ou du fonctionnaire occupant individuellement, s'opère au moyen de la déclaration inscrite au bas dudit état par le bailleur, et portant que la remise lui a été faite et qu'il n'a aucune réclamation à exercer.

TITRE XII.

BÂTIMENTS ET TERRAINS MIS TEMPORAIREMENT À LA DISPOSITION DU SERVICE DU CASERNEMENT PAR LES ADMINISTRATIONS CIVILES.

ART. 128.

Formalités préliminaires.

Les bâtiments et les terrains que les administrations civiles offrent de mettre temporairement à la disposition du département de la guerre sont reconnus au préalable par le sous-intendant militaire, de concert avec le chef du génie, et, en outre, s'il s'agit du logement des troupes, par le commandant de place, lorsqu'il est titulaire. Le résultat de cette reconnaissance est consigné dans un procès-verbal faisant connaître le degré de convenance des locaux proposés pour le service auquel ils sont destinés et les conventions réglant les conditions de l'occupation.

Lorsque les locaux satisfont aux exigences du service, l'assiette du logement est établie sur l'ordre du général commandant la division, en se conformant aux prescriptions des articles 15, 16, 17 et 18 du présent règlement, et elle devient exécutoire avec l'approbation de cet officier général, qui transmet au ministre le procès-verbal de convenance, l'assiette du logement et les conventions faites avec les administrations civiles.

ART. 129.

Travaux au compte des administrations civiles.

Les travaux de réparation à exécuter dans les établissements prêtés, lorsqu'ils ne sont pas, par convention, à la charge du département de la guerre, sont effectués par l'administration civile, sur la demande et sous la surveillance du service du génie.

Les demandes d'améliorations par suite de besoins survenus dans le service militaire sont faites également par le chef du génie, après que ces besoins ont été constatés dans une conférence entre cet officier et le sous-intendant militaire, et, en outre, s'il s'agit du logement des troupes, avec le commandant de place lorsqu'il est titulaire.

ART. 130.

Prise de possession et remise.

La prise de possession et la remise des établissements prêtés ont lieu avec les mêmes formalités que pour les établissements loués, suivant les prescriptions des articles 121 et 127 ci-dessus, mais en attribuant à l'agent de l'administration civile les dispositions qui, dans ces articles, concernent le bailleur.

TITRE XIII.

TRAVAUX CONCERNANT LES ÉTABLISSEMENTS MILITAIRES.

ART. 131.

Constructions, appropriations et améliorations.

Le ministre de la guerre seul donne des ordres pour la construction, l'appropriation et l'amélioration des bâtiments militaires.

Les chefs du génie rédigent et présentent les projets de ces travaux et sont chargés de leur exécution.

Tous les travaux ayant pour objet des changements de distribution à exécuter dans les établissements existants des services administratifs donnent lieu à des procès-verbaux de convenance dressés par les soins des sous-intendants militaires, de concert avec les chefs du génie, après avoir entendu au besoin les agents des services intéressés, ainsi que les médecins militaires lorsqu'il s'agit d'établissements hospitaliers.

Dans le cas de constructions neuves concernant ces mêmes établissements, il est aussi dressé des procès-verbaux ayant pour objet de faire connaître les besoins et les demandes des services intéressés.

ART. 132.

Réparations dites locatives.

Les réparations dites locatives ou de menu entretien dans les établissements militaires sont, sauf les exceptions ci-après, à la charge du service du génie.

Elles peuvent être effectuées immédiatement, par les ordres du chef du génie, sur les fonds alloués annuellement pour les entretiens.

Dans les bâtiments affectés au service hospitalier, elles sont à la charge de ce service et sont effectuées par ses agents, d'après les ordres du sous-intendant militaire.

Dans les hôtels et dans les bureaux des tribunaux militaires, les réparations locatives sont à la charge du budget de la justice militaire.

Enfin, elles sont au compte des entrepreneurs, dans les locaux affectés aux services administratifs confiés à l'entreprise.

ART. 133.

Blanchissage des bâtiments.

Les bâtiments habités sont blanchis régulièrement tous les trois ans.

Lorsque le blanchissage a besoin d'être exécuté après un laps de temps moindre, la nécessité en est constatée par un procès-verbal dressé par le sous-intendant militaire, de concert avec le chef du génie.

Dans les casernes, le blanchissage est exécuté par les troupes, sous la direction des agents du génie.

Les soldats employés au blanchissage sont payés à raison de un quart de centime par mètre carré et par couche. Cette dépense et celle de la chaux, des ustensiles et des vêtements de toile pour les travailleurs, sont à la charge du service du génie.

Toutes les écritures et toutes les saletés tracées par les soldats sur les murs des chambres et des autres parties des bâtiments sont comptées parmi les dégradations, et la dépense de la remise des murs en état de propreté est imputée à la troupe, conformément aux dispositions du titre IX ci-dessus.

Les salles de police, les prisons et les cellules sont échaudées et blanchies à la chaux au moins une fois par an; les latrines le sont au moins une fois tous les six mois.

Les mangeoires, les râteliers, les murs et les pavés des écuries sont passés à l'eau de chaux, par les soins des corps, tous les six mois, et en outre, par les soins du service du génie, à chaque changement de garnison.

Dans les hôpitaux militaires, le blanchissage des salles, des corridors, etc., est effectué au compte du service hospitalier, par les soins des agents de ce service, à la diligence des sous-intendants militaires.

ART. 134.

Ramonages.

Les ramonages des cheminées sont exécutés à la diligence et à la charge du service du génie.

ART. 135.

Réparations d'entretien ou de convenance.

Les travaux qui ont pour objet la conservation des bâtiments ou les convenances du service ne peuvent être exécutés qu'après avoir été proposés ou autorisés dans les formes prescrites par les règlements sur le service du génie.

Toute demande de travaux de réparation ou d'entretien peut être adressée par écrit au chef du génie par les commandants de place, par les sous-intendants militaires ou par les chefs de corps. Lorsque la demande des chefs de corps est transmise par l'intermédiaire du sous-intendant militaire, ce fonctionnaire doit y joindre son avis.

Sont exceptés des dispositions qui précèdent :

1° Les travaux à la charge des bailleurs ou des administrations civiles, suivant les cas prévus aux articles 125 et 129 du présent règlement;

2° Les travaux d'aménagement et de réparation dans les bâtiments ou locaux pris à loyer pour les services administratifs. Ces travaux sont faits par les soins des agents de ces services, à la diligence des sous-intendants militaires.

ART. 136.

Réparations d'urgence.

Lorsqu'une demande a pour objet d'obtenir l'exécution immédiate de travaux, et que le chef du génie ne croit pas devoir y donner suite, parce que les fonds disponibles ne le permettent pas ou qu'il n'en reconnaît pas l'urgence, cet officier adresse cette demande au directeur des fortifications.

Le directeur apprécie le degré d'urgence des travaux réclamés.

Si ces travaux lui paraissent de nature à ne pouvoir pas être différés, il donne l'ordre de les faire exécuter immédiatement, et il rend compte au ministre dans le plus bref délai, en lui adressant au besoin une demande de fonds.

Si l'urgence ne semble pas absolue au directeur, il prend les ordres du ministre, en lui faisant connaître le montant présumé de la dépense des travaux, et en lui transmettant, en même temps, les pièces qui ont été produites à ce sujet.

ART. 137.

Les inspecteurs généraux d'armes et les inspecteurs des services administratifs peuvent réclamer, conformément aux instructions spéciales qui leur sont données par le ministre, l'exécution des réparations locatives ou des menues réparations qu'ils jugent indispensables. Ces travaux sont exécutés immédiatement, dans la limite des fonds disponibles, sur le crédit des entretiens.

Ordres et demandes des inspecteurs.

ART. 138.

Les corps, les administrateurs et les fonctionnaires occupant les bâtiments militaires ne peuvent, sous aucun prétexte, arrêter, retarder ou gêner l'exécution des travaux confiés au service du génie.

Aucun empêchement ne doit être apporté à l'exécution des travaux.

DISPOSITION FINALE.

ART. 139 ET DERNIER.

L'exécution du présent règlement est spécialement placée sous le contrôle des intendants militaires et des directeurs des fortifications, et sous la haute surveillance des généraux commandant les divisions territoriales.

APPROUVÉ, le 30 juin 1856.

Le Maréchal de France,
Ministre Secrétaire d'État de la Guerre,

VAILLANT.

GÉNIE.

INSPECTION GÉNÉRALE
DE 185 .

DIRECTION d

PLACE d

MODÈLE A.
CONTENANCE DES ÉTABLISSEMENTS.

[stamp]

TABLEAU [1] DÉTAILLÉ

De la contenance et de l'emploi, chambre par chambre, de tous les Bâtiments militaires de la place de [2] *dressé pour servir de base à l'état de l'assiette du logement à établir chaque année, en exécution de l'article 15 du règlement du 30 juin 1856, sur le service du casernement* [3].

		HOMMES.	CHEVAUX.
La garnison a été fixée, par décisions ministérielles du 28 janvier 1841 et du 17 octobre 1845, à.......	2 bataillons avec l'état-major d'un régiment d'infanterie..............	1,580	7
	1 régiment d'artillerie, soit..........	1,922	1,049
	Effectif total à loger en principe........................	3,502	1,056
	Mais actuellement la garnison ordinaire se compose de (4) :		
2 bataillons avec l'état-major d'un régiment d'infanterie.........		1,580	7
1 régiment de cavalerie.........		1,160	990
1 batterie de parc d'artillerie.........		73	52
	Total..................................	2,813	1,049
La contenance totale des bâtiments affectés au logement des troupes (2) étant, d'après le présent tableau, de.....		2,946	1,021
Ces bâtiments présentent........	un déficit de..........	//	28
	un excédant de..........	133	//

(1) Un tableau par place.
(2) Y compris les bâtiments et les terrains pris à loyer au compte du budget de la guerre, et ceux qui sont prêtés par la ville.
(3) Ce tableau ne sera fourni qu'aux inspections pour lesquelles il sera prescrit de le refaire. Pour les autres inspections, il sera remplacé par un tableau complémentaire de même forme ou modèle, donnant seulement les mutations survenues depuis la rédaction du tableau principal, avec une nouvelle récapitulation générale des contenances.
(4) Cette annotation n'est à mettre que dans les cas exceptionnels pour lesquels il existe des différences essentielles entre les fixations ministérielles et les garnisons effectives, notamment quand un casernement affecté à une arme se trouve occupé par une autre arme.

1° Logement des Troupes

ÉTABLISSEMENTS.	BATIMENTS.	ESCALIERS. (1)	ÉTAGES.	NUMÉROS des pièces.	DIMENSIONS DES LOCAUX. Longueur.	Largeur.	Surface.	Hauteur.	Capacité cubique totale.	Capacité cubique par homme ou cheval.	CONTENANCE absolue en lits.	DESTINATION. Armes.	Officiers.	Troupes à pied. Sous-officiers.	Troupes à pied. Caporaux et soldats.	Troupes à pied. Chevaux.	Troupes à cheval. Sous-officiers.	Troupes à cheval. Brigadiers et soldats.	Troupes à cheval. Chevaux.	Accessoires.	OBSERVATIONS. (2)
					mèt.	mèt.	mèt. car.	mèt.	mèt. cub.	mèt. cub.											
QUARTIER D. (Des Visitandines ou du Cloître.) A la ville en nue propriété. Contenance : Infanterie.. { 166 hommes. 5 chevaux. Cavalerie... { 273 hommes. 183 chevaux. Magasins à grains et à farine.	a........	1	Rez-de-ch.	1	14, 70	7, 20	105, 84	4, 62	488, 981	48, 898	"	Artillerie......	"	"	"	"	"	"	10	"	Cette caserne est fort ancienne et en mauvais état. Il est admis en principe, par décision du 7 février 1855, que l'on y fera prochainement de nombreuses améliorations, et qu'on élèvera d'un étage la partie dont la ville n'a que la nue propriété; sa contenance serait alors portée à 453 hommes au lieu de 439.
		"	Idem.....	2	8, 76	7, 28	63, 73	4, 62	294, 433	49, 072	"	Idem..........	"	"	"	"	"	"	6	"	
		5	3e.......	72	5, 80	6, 41	37, 18	3, 32	123, 438	13, 715	9	Infanterie......	"	"	"	"	"	9	"	"	
	d........	"	Rez-de-ch.	1	6, 90	5, 90	40, 71	4, 20	170, 982	"	1	Infanterie......	"	"	"	"	"	"	"	Salle de rapport.	
		"	Idem.....	2	3, 38	5, 90	19, 94	4, 20	83, 750	"	5	Idem..........	"	"	"	"	"	"	"	Logement de blanchisseuse.	
		"	Combles..									Pour mémoire.	(Voir bâtiments des subsistances.)							"	
	TOTAUX..	"	"	"	"	"	"	"	"	"	"	"	"	8	158	5	40	227	183	"	
CASERNE F. (De Vauban ou de l'Espérance.) Voûtée à l'épreuve de la bombe. A l'État en toute propriété. Contenance : Infanterie... { 2 officiers. 570 hommes. Manutention de siége.......... Magasin aux liquides et aux salaisons Citernes.	Unique...	"	Caves....	1								Pour mémoire.	(Voir bâtiments des subsistances.)							Magasins aux liquides.	Cette caserne, construite de 1839 à 1845, est en parfait état. Elle est occupée habituellement. En cas de siége, on pourrait au besoin porter sa contenance en hommes au chiffre de 980.
		"	Rez-de-ch.	25	17, 00	6, 50	110, 50	3, 90	430, 950	13, 467	32	Infanterie.....	"	"	32	"	"	"	"	"	
	TOTAUX..	"	"	"	"	"	"	"	"	"	"	"	2	38	532	"	"	"	"	"	
CHAMP DE MANŒUVRE T. (De Neuville.) A la ville en toute propriété, loué à l'État.	"	"	"	"	435, 00	137, 00	hec. 5, 96	"	"	"	"	Infanterie.....	"	"	"	"	"	"	"	"	Le département de la guerre tient ce terrain en location au prix annuel de 1,250 fr. Le bail pour 3, 6 ou 9 années date du 1er avril 1847.
CHAMP DE TIR V. (Du Cours.) A l'État en toute propriété.	"	"	"	"	270, 00	52, 00	1, 40	"	"	"	"	Infanterie.....	"	"	"	"	"	"	"	"	Ce champ de tir a été acquis en 1853, par le département de la guerre, au prix de 11,369 francs.
GRAND POLYGONE X. A l'État en toute propriété.	"	"	"	"	519, 00	473, 00	24, 55	"	"	"	"	Artillerie.....	"	"	"	"	"	"	"	"	Ce terrain fait depuis longtemps partie du domaine militaire.

2° Prisons militaires.

ÉTABLISSEMENTS.	BATIMENTS.	ESCALIERS. (1)	ÉTAGES.	NUMÉROS des pièces.	DIMENSIONS DES LOCAUX. Longueur.	Largeur.	Surface.	Hauteur.	Capacité cubique totale.	Capacité cubique par homme.	CONTENANCE absolue en lits.	CONTENANCE. Officiers.	CONTENANCE. Sous-officiers et soldats.	OBSERVATIONS. (2)
					mèt.	mèt.	mèt. car.	mèt.	mèt. cub.	mèt. cub.				
PRISON MILITAIRE H. (Des Augustins.) A la ville en toute propriété, prêtée gratuitement à l'État. Contenance : 88 prisonniers.	a........	"	"	"	"	"	"	"	"	"	"	"	"	Ce bâtiment n'est occupé que par mesure provisoire, et jusqu'à ce que l'on ait achevé la prison neuve, dont la construction, évaluée à 124,000f, est arrêtée en principe par décision ministérielle du 17 mai 1847.
	TOTAUX..	"	"	"	"	"	"	"	"	"	"	"	"	

(1) Cette colonne ne sera employée que dans le cas où les chambres seraient numérotées par escalier.

(2) Indiquer dans cette colonne l'état actuel des bâtiments et l'accroissement de logement qui résultera des projets admis en principe par le ministre pour être exécutés prochainement.

3° Bâtiment des Hôpitaux.

ÉTABLISSEMENTS.	BATIMENTS.	ESCALIERS. (1)	ÉTAGES.	NUMÉROS des pièces.	DIMENSIONS DES LOCAUX. Longueur.	Largeur.	Surface.	Hauteur.	Capacité cubique totale.	Capacité cubique par homme.	CONTENANCE absolue en lits d'hôpital.	DESTINATION. Officiers de santé ou d'administration.	Infirmiers. Sous-officiers.	Infirmiers. Soldats.	Malades. Officiers.	Malades. Sous-officiers et soldats.	Accessoires.	OBSERVATIONS.
					mètr.	mètr.	mètr. car.	mètr.	mètr. cub.	mètr. cub.								
HÔPITAL MILITAIRE M. (De Marengo.) À la ville en nue propriété. Contenance : 4 officiers de santé et d'administration. 20 infirmiers. 8 officiers malades. 200 sous-officiers et soldats malades.		"	Rez-de-c.	1	5,00	4,00	20,00	3,00	60,000	"	2	"	"	"	"	"	Corps de garde.	
		"	Idem....	2	4,00	4,00	16,00	3,00	48,000	"	2	"	"	"	"	"	Logement de concierge.	
		"	Idem....	3	4,00	4,00	16,00	3,00	48,000	"	2	"	"	"	"	"	Bureau des entrées.	
		"	Idem....	4	3,50	4,20	14,70	3,00	44,100	"	2	"	"	"	"	"	Chirurgien de garde.	
		"	Idem....	5	8,00	5,00	40,00	4,00	160,000	"	6	"	"	"	"	"	Salle de bains.	
		"	Idem....	6	5,00	5,00	25,00	4,00	100,000	"	4	"	"	"	"	"	Tisanerie.	
	a........ (Principal.)	"	Idem....	7	6,00	5,00	30,00	4,00	120,000	"	4	"	"	"	"	"	Pharmacie.	
		"	1er étage.	17	3,00	2,70	8,10	3,30	34,830	"	1	"	1	"	"	"	Cabinet d'infirmier-major.	
		"	Idem....	18	12,60	8,00	100,80	4,30	433,440	36,120	12	"	"	"	"	12	"	
		"	Idem....	19	16,00	12,60	201,60	4,30	866,880	36,120	24	"	"	"	"	24	"	
		"	Idem....	20	12,60	8,00	100,80	4,30	433,440	18,060	12	"	"	24	"	"	Chambre des infirmiers.	
		"	Idem....	1	7,00	5,00	35,00	4,00	140,000	"	5	"	"	"	"	"	Magasin aux sacs des malades.	
		"	Idem....	2	7,00	5,00	35,00	4,00	140,000	"	5	"	"	"	"	"	Idem aux fournitures de literie.	
	d........ (Des accessoires.)	"	Rez-de-c.	8	5,00	5,00	25,00	3,60	90,000	"	3	"	"	"	"	"	Lingerie.	
		"	Idem....	9	5,00	4,00	20,00	3,60	72,000	"	2	"	"	"	"	"	Atelier des lingères.	
	TOTAUX...	"	"	"	"	–	"	"	"	"	"	4	2	24	8	200	"	
HOSPICE CIVIL. (Sainte-Anne.) Aux hospices.	En vertu de conventions approuvées par décisions du 22 décembre 1830 et du 30 janvier 1847, 55 places sont réservées dans cet établissement pour les malades militaires, qui y sont traités par abonnement aux frais du département de la guerre, à raison, par jour, de 2 fr. 05 cent. pour un officier, et de 1 fr. 30 cent. pour un sous-officier ou un soldat.																	
BUANDERIE O. (Du gué de la Corderie.) À l'État en toute propriété.	Bâtim^t unique.	"	Rez-de-c.	1	12,00	6,00	72,00	4,00	288,000	"	"	"	"	"	"	"	Buanderie et lavoir.	Ancien [illegible], située sur le bord de la rivière, acquise par l'État en 1846. Elle vient d'être appropriée à sa destination actuelle.
		"	Idem....	2	5,00	3,00	15,00	4,00	60,000	"	"	"	"	"	"	"	Chambre de blanchisseuse.	
		"	Idem....	3	5,00	3,00	15,00	4,00	60,000	"	"	"	"	"	"	"	Dépôt de linge.	
		"	Étage...	4	17,50	6,00	105,00	4,50	472,500	"	"	"	"	"	"	"	Séchoir couvert.	
	Enclos......	"	"	"	80,00	30,00	2,400 00	"	"	"	"	"	"	"	"	"	Séchoir découvert.	
	TOTAUX...	"	"	"	"	"	"	"	"	"	"	"	"	"	"	"	"	

(1) Cette colonne ne sera employée que dans le cas où les chambres seraient numérotées par escalier.

4° Bâtiments des Subsistances.

Établissements	Bâtiments	Escaliers (1)	Étages	Numéros des pièces	Destination	Dimensions des locaux (2) : Longueur	Largeur	Surface	Hauteur	Capacité cubique	Logements : [illegible]	[illegible]	Ouvriers	Fours : Nombre	Capacité par four	Contenance réglementaire des magasins : Pain	Farines	Blé	Liquides	Salaisons et approvisionnements divers de siége	Bois	Fagots	Houille	Foin	Paille	Avoine	Citernes	Puits ou fontaines	Observations
						mètr.	mètr.	mètr. car.	mètr.	mètr. cub.					Rations.	Rations.	Quint. métr. (3)	Quint. métr. (4)	Hectol.		Stères.	Nombre.	Quint. métr.	Quint. métr.	Quint. métr.	Quint. métr.	Capacité en kilolitres.	Nombre.	
Manutention B. (Des Cordeliers.) A la ville en nue propriété. Contenance : 3 fours pour 1,230 rations, 12,000 rations de pain, 1,571 quintaux métriques de grains ou farine, 210 hectolitres de liquides.	a.	″	Cave.	1	Magasin pour les liquides.	5,55	5,30	20,42	3,50	102,970	″	″	″	″	″	″	″	″	150	″	″	″	″	″	″	″	″	″	Cet établissement est en bon état; cependant, l'un des fours de 450 rations doit être prochainement reconstruit et disposé pour le chauffage à la houille.
		″	Rez-de-ch.	11	Boulangerie.	15,20	10,30	156,56	4,07	637,379	″	″	″	2 1	450 330	″	″	″	″	″	″	″	″	″	″	″	″	1 pompe.	
	Totaux.	″	″	″	″	″	″	″	″	″	1	6	2	3	″	12,000	617	954	210	252 fûts	654	2,000	127	″	″	″	″	″	
Maison X. Au St Robert. Contenance : 2 fours pour 480 rations, 5,000 rations de pain, 450 quintaux métriques de grains ou farines.	Unique.	″	Rez-de-ch.	1	Boulangerie.	10,00	7,00	70,00	3,60	252,000	″	″	″	1 1	200 280	″	″	″	″	″	″	″	″	″	″	″	″	1 pompe.	Cet établissement est tenu en location par le département de la guerre; le loyer est payé sur les fonds de l'intendance.
	Totaux.	″	″	″	″	″	″	″	″	″	″	″	″	2	″	5,000	160	200	″	″	″	600	″	″	″	″	″	″	
Quartier D. (Des Visitandines ou du Cloître.) A la ville en nue propriété. Contenance : Casernement 439 hommes, 188 chevaux. 1,304 quint. métr. de blé ou farine. 777 quint. métr. d'avoine.	d.	″	Combles.	19	Magasin aux grains.	20,00	11,15	223,00	2,87	640,010	″	″	″	″	″	″	″	(a) 843	″	″	″	″	″	″	″	″	″	″	(a) Ces grains sont en grenier.
		″	″	20	Magasin aux farines.	11,20	11,15	124,88	2,87	358,406	″	″	″	″	″	″	(b) 452	″	″	″	″	″	″	″	″	″	″	″	(b) Ces farines sont en sacs. Si l'on affectait ce magasin à un approvisionnement de grains en couches, il pourrait en contenir 467 quintaux métriques.
		″	″	31	Magasin aux avoines.	8,80	11,15	98,12	2,87	281,604	″	″	″	″	″	″	″	″	″	″	″	″	″	″	″	(c) 777	″	″	(c) Ces avoines sont en grenier.
	Totaux.	″	″	″	″	″	″	″	″	″	″	″	″	″	″	″	452	843	″	″	″	″	″	″	″	777	″	″	
Caserne F. (De Vauban ou de l'Espérance.) Voûtée à l'épreuve de la bombe. A l'État en toute propriété. Contenance : Casernement 2 officiers, 570 hommes. 2 fours pour 860 rations, 3,450 rations de pain, 678 hectolitres de liquides. Citernes, 141 kilolitres.	Unique.	″	Cave.	1	Magasin aux liquides.	5,50	3,80	″	3,05	″	″	″	″	″	″	″	″	″	″	″	″	″	″	″	″	″	″	″	
		″	″	2	Idem.	10,70	6,20	″	3,05	″	″	″	″	″	″	″	″	″	″	″	″	″	″	″	″	″	″	″	
		″	″	7	Boulangerie.	10,70	6,20	″	3,05	″	″	″	″	1 1	350 310	″	″	″	″	″	″	″	″	″	″	″	″	1 pompe.	
		″	″	13	Citernes.	″	″	″	″	″	″	″	″	″	″	″	″	″	″	″	″	″	″	″	″	″	87	″	
		″	″	14	Idem.	″	″	″	″	″	″	″	″	″	″	″	″	″	″	″	″	″	″	″	″	″	54	″	
	Totaux.	″	″	″	″	″	″	″	″	″	″	″	″	2	″	3,450	″	″	678	″	″	″	″	″	″	″	″	″	
Magasin aux fourrages G. (Du bastion G.) Au St Bernard. Contenance : 8,600 quint. mét. en foin et paille, 3,000 quintaux métriques d'avoine.	″	″	Rez-de-ch.	1	Hangar au foin.	44,85	13,50	605,61	7,10	4 299,831	″	″	″	″	″	″	″	″	″	″	″	″	″	4,300	″	″	″	″	Ce magasin est tenu en location par le département de la guerre; le loyer est payé sur les fonds de l'intendance.
		″	″	2	Hangar à paille.	53,45	13,50	721,58	7,10	5,123,218	″	″	″	″	″	″	″	″	″	″	″	″	″	″	4,300	″	″	″	
		″	″	3	Bureau du comptable.	4,57	3,89	17,78	3,25	57,785	″	″	″	″	″	″	″	″	″	″	″	″	″	″	″	″	″	″	
		″	Entresol.	4	Grenier aux avoines.	62,00	17,80	1,103,60	2,70	2,978,720	″	″	″	″	″	″	″	″	″	″	″	″	″	″	″	3,000	″	″	
	Totaux.	″	″	″	″	″	″	″	″	″	″	″	″	″	″	″	″	″	″	″	″	″	″	4,300	4,300	3,000	″	″	
Citerne 7. (Casemates du Sud.) A l'État en toute propriété.	″	″	″	″	″	16,70	12,40	207,08	4,52	936,002	″	″	″	″	″	″	″	″	″	″	″	″	″	″	″	″	″	″	
Fontaine militaire 83. A l'État en toute propriété.	″	″	″	″	″	″	″	″	″	″	″	″	″	″	″	″	″	″	″	″	″	″	″	″	″	″	″	″	Cette fontaine est alimentée par une source située à 2,150 m. de la place. Les conduites sont en poterie. Elle débite 25 litres d'eau par minute.
Terrain 21. (Jardin du Cloître.) A l'État en toute propriété.	″	″	″	″	Magasin de fourrages en meules.	51,05	34,50	172,00	″	″	″	″	″	″	″	″	″	″	″	″	″	″	″	2,000	3,000	″	″	″	

(1) Cette colonne ne sera employée que dans le cas où les chambres seraient numérotées par escalier.

(2) Les locaux affectés aux approvisionnements doivent être divisés en compartiments permanents par les soins des sous-intendants militaires en présence des officiers du génie, au moyen de lignes à la peinture à l'huile, tracées sur les planchers et sur les murs, et desquelles résultent des cubages déterminés d'avance quand les compartiments sont remplis. (Circulaire ministérielle du 18 décembre 1845.)

(3) Les farines ne devant être tenues en couches qu'accidentellement, aux termes du règlement du 1er septembre 1827, on supposera, pour calculer la contenance normale des magasins, qu'elles sont en sacs de 100 kilogrammes, tenus debout. L'espace libre réservé pour les communications et la manœuvre sera d'au moins 1/6 de la superficie totale. On indiquera dans la colonne des observations le maximum du nombre de sacs de farine à déposer dans chaque pièce, surtout lorsque le peu de solidité des planchers obligera de se tenir au-dessous de la fixation réglementaire.

(4) Ces contenances seront établies dans la supposition que les couches de blé et d'avoine auront la hauteur réglementaire de 0m,60 pour le blé et de 0m,80 pour l'avoine, et que l'on ménage 1/6 environ de la superficie totale pour les communications et la manœuvre. Si les planchers étaient trop faibles pour qu'on pût admettre les hauteurs réglementaires, on prendrait pour le calcul des contenances le maximum de hauteur susceptible d'être adopté sans inconvénient pour la solidité des planchers, et l'on indiquerait ce maximum dans la colonne des observations.

5° *Magasins des lits militaires, de l'habillement, du harnachement, du campement et du chauffage.*

ÉTABLISSEMENTS.	BÂTIMENTS.	ESCALIERS. (1)	ÉTAGES.	NUMÉROS des pièces.	DESTINATION.	DIMENSIONS DES LOCAUX — Longueur.	Largeur.	Surface.	Hauteur.	Capacité cubique.	LOGEMENTS d'officiers ou d'employés.	CONTENANCE — Bois.	Houille.	OBSERVATIONS.
						mèt.	mèt.	mèt. car.	mèt.	mèt. cub.		stèr.	quint. mét.	
MAGASIN DES LITS MILITAIRES L. (Des Carmélites.) A la ville en nue propriété. Contenance : 4,520 fournitures complètes de soldat, 500 demi-fournitures, 10 fournitures complètes d'officier, 20,000 draps. Ustensiles pour vingt corps de garde.	a	″	Rez-de-chaussée	1	Magasin à la paille	6, 00	2, 00	12, 00	3, 00	36, 000	″	″	″	
		″	*Idem*	2	Atelier des lingères	9, 00	6, 00	54, 00	3, 00	162, 000	″	″	″	
		″	1er étage	6	Bureau du comptable	6, 00	6, 00	36, 00	3. 00	108, 000	″	″	″	
	c	″	Cave	25	Dépôt d'ustensiles de corps de garde	15, 40	7, 00	107, 80	2, 00	215, 600	″	″	″	
		″	Rez-de-chaussée	26	Magasin aux couvertures	16, 00	7, 60	121, 60	4, 40	535, 040	″	″	″	
		″	1er étage	27	Magasin aux matelas	16, 00	7, 60	121, 60	4, 00	486, 400	″	″	″	
	TOTAUX	″	″	″	″	″	″	″	″	″	″	″	″	
MAGASIN DE L'HABILLEMENT, du harnachement et du campement N. (Des Capucins.) A la ville en nue propriété. Contenance : Effets d'habillemt pour.... 3,650 hom. Étoffes pour l'habillemt de 12,000 hom. Effets de campement pour 15,000 hom. Effets de harnachemt pour 1,550 chev.	a	″	Rez-de-chaussée	1	Loge du portier	6, 00	4, 00	24, 00	3, 00	72, 000	″	″	″	
		″	*Idem*	2	Salle des recettes	6, 00	6, 00	36, 00	3, 00	108, 000	″	″	″	
		″	*Idem*	3	Magasin de couvertures et de vieux effets	9, 00	6, 00	54, 00	5, 00	270, 000	″	″	″	
		″	1er étage	12	Bureau du comptable	4, 50	4, 00	18, 00	3, 00	54, 000	″	″	″	
		″	*Idem*	13	*Idem*	4, 00	3, 20	12, 80	3, 00	38, 400	″	″	″	
		″	*Idem*	14	Logement du comptable	6, 00	6, 00	36, 00	3, 00	108, 000	″	″		
	b	″	Rez-de-chaussée	1	Magasin aux draps	15, 00	7, 40	111, 00	5, 00	555, 000	″	″	″	
		″	1er étage	4	Magasin d'habillement et de campement	28, 00	8, 00	224, 00	3, 40	761, 600	″	″	″	
	c	″	Rez-de-chaussée	″	Décatissoir	9, 00	6, 00	54, 00	5, 00	270, 000	″	″	″	
	TOTAUX	″	″	″	″	″	″	″	″	″	″	″	″	
MAGASIN DU CHAUFFAGE S. (Enclos dans le terre-plein bas du bastion 4.) A l'État en toute propriété. Contenance : Bois.. { Cour .... 1,920st / Hangar . 450 } 2,370 stères. Houille .... 4,900 quint. métriq.	Enclos	″		″	Cour et chantier au bois	47, 50	25, 00	1,187, 50	″	″	″	1,920	″	
	Hangar	″		1	Magasin au bois	20, 00	6, 40	128, 00	3, 50	448, 000	″	450	″	
		″		2	Magasin à la houille	6, 00	6, 40	38, 40	3, 50	134, 400	″	″	4,900	
		″	Rez-de-chaussée	3	Bureau du préposé	6, 00	5, 00	30, 00	3, 00	90, 000	″	″	″	
		″	*Idem*	4	Chambre de commis	6, 00	5, 00	3, 00	3, 00	90, 000	1	″	″	
		″	*Idem*	5	Loge du portier	3, 00	4, 00	12, 00	3, 00	36, 000	″	″	″	
	TOTAUX	″	″	″	″	″	″	″	″	″	1	2,370	4,900	

(1) Cette colonne ne sera employée que dans le cas où les chambres seraient numérotées par escalier.

6° *Magasins à poudre.*

DÉSIGNATION des MAGASINS.	INDICATION des PIÈCES.	DIMENSIONS DES LOCAUX. LONGUEUR.	LARGEUR.	SURFACE.	HAUTEUR.	CAPACITÉ cubique.	CONTENANCE (1) RÉGLEMENTAIRE, en barils de 50 kil.	en barils de 100 kil.	MAXIMUM, en barils de 50 kil.	en barils de 100 kil.	OBSERVATIONS.
		mèt.	mèt.	mèt. car.		mèt. cub.	kil.	kil.	kil.	kil.	
MAGASIN À POUDRE 13. A l'État en toute propriété.	Rez-de-ch..	11, 20	6, 30	69, 44	3^{m},50 sous clef.	196, 224	12, 900	13, 600	12, 900	13, 600	Ce magasin, voûté à l'épreuve de la bombe, est en bon état.
MAGASIN À POUDRE 17. (Du bastion 4.) A l'État en toute propriété.	Rez-de-ch..	18, 49	8, 30	153, 47	2^{m},70	414, 369	31, 800	39, 600	39, 000	51, 600	Ce magasin, voûté à l'épreuve de la bombe, vient d'être construit.
	Entresol...	18, 49	8, 30	153, 47	4, 15 sous clef.	499, 070	29, 000	35, 000	33, 800	43, 000	
	TOTAUX..	//	//	//	//	//	60, 800	74, 600	72, 800	94, 600	
CASEMATES 52. A l'État en toute propriété.	Deuxième..	13, 20	5, 00	66, 00	naiss. 2, 30 clef, 3, 60	1,065, 900	12, 100	16, 500	14, 700	19, 400	Ces casemates sont à l'épreuve de la bombe.
TOUR 63. A l'État en toute propriété.	Rez-de-ch..	3, 80	3, 80	14, 44	moyenn. 3, 40	49, 096	2, 400	3, 000	2, 700	3, 800	Ce magasin voûté n'est pas à l'épreuve de la bombe.
....	....	....	....	....	....	....	....	....	....	....	....
....	....	....	....	....	....	....	....	....	....	....	....

(1) Cette contenance devra être calculée conformément à l'instruction du 19 mars 1848, sur les magasins à poudre.

7° Corps de garde isolés, indépendants des autres établissements militaires.

DÉSIGNATION des BÂTIMENTS.	NUMÉROS des pièces.	DESTINATION.	DIMENSIONS DES LOCAUX.					CONTENANCE.		OBSERVATIONS.
			LONGUEUR.	LARGEUR.	SURFACE.	HAUTEUR.	CAPACITÉ cubique.	OFFICIERS.	SOLDATS.	
			mèt.	mèt.	mèt. car.	mèt.	mèt. cub.			
CORPS DE GARDE 39. (De la porte de secours.) A l'État en toute propriété.	1	Vestibule........	8, 00	2, 50	20, 00	4, 00	80, 000	//	//	
	2	Poste de soldats...	7, 00	6, 00	42, 00	4, 00	168, 000	//	20	
	3	Poste d'officier....	3, 00	2, 50	7, 50	4, 00	30, 000	1	//	
	4	Violon..........	3, 80	3, 70	14, 06	4, 00	56, 240	//	//	
	5	Aubette du portier consigne.......	3, 00	2, 60	7, 80	4, 00	31, 200	//	//	
	6	Logement du portier consigne....	6, 00	3, 80	22, 80	4, 00	91, 200	//	//	
	7	Latrines des soldats.	1, 80	1, 10	1, 98	4, 00	79, 200	//	//	La fosse a une capacité de 14 mètres cubes.
	8	Latrines d'officier..	1, 10	0. 90	0, 99	4, 00	3, 960	//	//	La fosse commune à ces deux latrines contient un système diviseur. La fosse aux liquides a une contenance de 2m c,250, et la fosse aux solides a une capacité de 4m c,875.
	9	Latrines du portier consigne ...	2, 00	0, 80	1, 60	4, 00	6, 400	//	//	
		TOTAUX......	//	//	//	//	//	1	20	
....	....	....	......	......	......	......	......	....	....	
....	....	....	......	......	......	......	......	....	....	
CORPS DE GARDE 48. (De la place d'armes.) A la ville, prêté gratuitement à l'État.	1	Corps de garde des soldats........	10, 00	6, 00	60, 00	4, 00	240, 000	//	30	
	2	Corps de garde de l'officier.......	4, 00	3, 00	12, 00	4, 00	48, 000	1	//	
	3	Violon..........	3, 00	3, 00	9, 00	4, 00	36, 000	//	//	
	4	Cachot..........	3, 00	2, 50	7, 50	4, 00	30, 000	//	//	
	5	Latrines des soldats.	2, 70	2, 00	5, 40	3, 00	16, 200	//	//	La fosse a une contenance de 7m c,375.
	6	Latrines de l'officier.	2, 00	1, 00	2, 00	3. 00	6, 000	//	//	La fosse a une contenance de 3m c, 485.
		TOTAUX......	//	//	//	//	//	1	30	

RÉCAPITULATION GÉNÉRALE PAR ÉTABLISSEMENTS.

1° *Logement des troupes.*

DÉSIGNATION DES BATIMENTS.	CONTENANCE PAR ÉTABLISSEMENT.			CONTENANCE PAR CATÉGORIE.		
	Officiers.	Sous-officiers et soldats.	Chevaux.	Officiers.	Sous-officiers et soldats.	Chevaux.
§ 1er. — *Bâtiments à l'État.*						
Quartier D (des Visitandines)...........................	//	439	188			
....	//	//	//			
....	2	1,592	419			
	2	2,031	607	2	2,031	607
§ 2. — *Bâtiments pris à loyer.*						
Caserne H (des Cordeliers)............................	//	390	//			
Quartier E (d'Asfeld)..................................	2	525	354			
	2	915	354	2	915	354
§ 3. — *Bâtiments prêtés par la ville.*						
Écurie S (du Marché)...................................	//	//	60	//	//	60
CONTENANCE TOTALE des casernes et quartiers.......				4	2,940	1,021

2° *Prisons militaires.*

DÉSIGNATION DES BATIMENTS.	CONTENANCE PAR ÉTABLISSEMENT.		CONTENANCE PAR CATÉGORIE.	
	Officiers.	Sous-officiers et soldats.	Officiers.	Sous-officiers et soldats.
§ 1er. — *Bâtiments à l'État.*				
Prison militaire R (des Augustins).......................	3	88	3	88
§ 2. — *Bâtiments pris à loyer.*				
Néant.				
§ 3. — *Bâtiments prêtés par la ville.*				
Néant.				

3° *Bâtiments des hôpitaux.*

DÉSIGNATION DES ÉTABLISSEMENTS.	CONTENANCE PAR ÉTABLISSEMENT.			CONTENANCE PAR CATÉGORIE.		
	Malades.			Malades.		
	Officiers.	Sous-officiers et soldats.	Infirmiers.	Officiers.	Sous-officiers et soldats.	Infirmiers.
§ 1er. — *Bâtiments à l'État.*						
Hôpital militaire M (de Marengo)........................	8	200	26	8	200	26
§ 2. — *Bâtiments pris à loyer.*						
Hospice civil (de Sainte-Anne).........................	//	55	//	//	55	//
§ 3. — *Bâtiments prêtés par la ville.*						
Néant.						
CONTENANCE TOTALE des établissements...........				8	255	26

Suite de la RÉCAPITULATION GÉNÉRALE PAR ÉTABLISSEMENTS.

4° *Bâtiments des subsistances.*

DÉSIGNATION DES ÉTABLISSEMENTS.	CONTENANCE PAR ÉTABLISSEMENT.						CONTENANCE PAR CATÉGORIE.					
	QUINTAUX MÉTRIQUES.			RATIONS.			QUINTAUX MÉTRIQUES.			RATIONS.		
	Blé ou farine.	Foin ou paille.	Avoine.	Blé ou farine.	Foin ou paille.	Avoine.	Blé ou farine.	Foin ou paille.	Avoine.	Blé ou farine.	Foin ou paille.	Avoine.
§ 1er. *Bâtiments à l'État.*												
Manutention B (des Cordeliers)...	1,571	//	//	253,387	//	//						
Quartier D (des Visitandines ou du Cloître).................	1,504	//	777	242,580	//	20,447						
Terrain 91 (jardin du Cloître)....	//	5,000	//	//	50,000	//						
	3,075	5,000	777	495,967	50,000	20,447	3,075	5,000	777	495,967	50,000	20,447
§ 2. *Bâtiments pris à loyer par l'État.*												
Maison X, au sieur Robert......	450	//	//	72,580	//	//						
Magasin aux fourrages G, au sieur Bernard.................	//	8,600	3,096	//	86,000	81,474						
	450	8,600	3,096	72,580	86,0 0	81,474	450	8,600	3,096	72,580	86,000	81,474
§ 3. *Bâtiments prêtés par la ville.*												
Néant.												
CONTENANCE TOTALE des établissements..........							3,525	13,600	3,873	568,547	136,000	101,921

5° *Magasin des lits militaires, de l'habillement, du harnachement, du campement et du chauffage.*

DÉSIGNATION DES ÉTABLISSEMENTS.	CONTENANCE.
§ 1er. *Bâtiments à l'État.*	
Magasin des lits militaires L (des Carmélites).........................	4,520 fournitures complètes de soldat. 500 demi-fournitures. 10 fournitures complètes d'officier. 20,000 draps. Ustensiles pour 20 corps de garde.
Magasins de l'habillement, du harnachement et du campement N (des Capucins)...	Effets d'habillement pour 3,650 hommes. Étoffes pour l'habillement de 12,000 hommes. Effets de campement pour 15,000 hommes. —— de harnachement pour 1,550 chevaux.
Magasin du chauffage S, dans l'enclos du terre-plein bas du bastion 4.....	2,370 stères de bois. 4,900 quintaux métriques de houille.
§ 2. *Bâtiments pris à loyer par l'État.*	
Néant.	
§ 3. *Bâtiments prêtés par la ville.*	
Néant.	

Suite de la RÉCAPITULATION GÉNÉRALE PAR ÉTABLISSEMENTS.

6° *Magasins à poudre.*

DÉSIGNATION DES ÉTABLISSEMENTS.	CONTENANCE NORMALE, en barils de 50 kilogr.	CONTENANCE NORMALE, en barils de 100 kilog.	CONTENANCE MAXIMUM, en barils de 50 kilog.	CONTENANCE MAXIMUM, en barils de 100 kilog.
§ 1er. — *Bâtiments à l'État.*				
Magasin à poudre 13	12,900	13,600	12,900	13,600
——— 17 (du bastion 4)	60,800	74,600	72,800	94,600
Casemates 52	12,100	16,500	14,700	19,400
Tour 63	2,400	3,000	2,700	3,800
Magasin à poudre 72 (du bastion 5)	31,800	39,200	41,400	53,200
——— 73	49,500	54,000	49,500	54,000
TOTAUX	169,500	200,900	194,000	238,600
§ 2. — *Bâtiments pris à loyer.*				
Néant.				
§ 3. — *Bâtiments prêtés par la ville.*				
Néant.				

7° *Corps de garde.*

DÉSIGNATION DES CORPS DE GARDE.	CONTENANCE PAR CORPS DE GARDE. Officiers.	CONTENANCE PAR CORPS DE GARDE. Soldats.	CONTENANCE PAR CATÉGORIE. Officiers.	CONTENANCE PAR CATÉGORIE. Soldats.
§ 1er. — *Bâtiments à l'État.*				
Corps de garde 39 (de la porte de secours)	1	20		
——— 40 (de la demi-lune 27)	1	10		
——— 42 (de la porte de Villars)	1	12		
	3	42	3	42
§ 2. — *Bâtiments pris à loyer par l'État.*				
Néant.				
§ 3. — *Bâtiments prêtés par la ville.*				
Corps de garde 48 (de la place d'armes)	1	30	1	30
CONTENANCE TOTALE des corps de garde			4	72

A le 185 .

Le Commandant de place,
Signé N.

Le du génie, en chef,
Signé N.

Vu *par le Colonel Directeur des fortifications,*
A le 185 .
Signé N.

Le Sous-Intendant militaire,
Signé N.

Vu *par l'Intendant militaire,*
A le 185 .
Signé N.

Vu : A le 185 .
Le Général d , Inspecteur général du génie, en tournée,
Signé N.

* DIVISION MILITAIRE.

MODÈLE N° 1.

GÉNIE.

DIRECTION d

PLACE d

ÉTAT de l'assiette du logement qui doit être assigné aux troupes, aux officiers et aux différents services administratifs, dans les bâtiments militaires de la place de conformément à l'article 15 du règlement du 30 juin 1856, sur le service du casernement.

1° LOGEMENT DES TROUPES.

DÉSIGNATION DES BÂTIMENTS.	DESTINATION.	CONTENANCE.		OBSERVATIONS.
		HOMMES.	CHEVAUX.	
§ 1er. — BÂTIMENTS À L'ÉTAT.				
Quartier D (des Visitandines)................	Infanterie et cavalerie.	439	188	Cette caserne contient des cuisines pour 450 hommes, des magasins et des ateliers pour le dépôt d'un régiment d'infanterie. Les greniers sont affectés au service des subsistances.
....	....	1,592	419	
TOTAL..............................		2,031	607	
§ 2. — BÂTIMENTS PRIS À LOYER PAR L'ÉTAT.				
Caserne H (des Cordeliers).................	Infanterie.........	390	//	Les combles de cette caserne, qui sont actuellement sans emploi, pourraient, en cas d'extrême urgence, recevoir 130 hommes de passage.
Quartier E (d'Asfeld)......................	Cavalerie et artillerie	525	354	Il existe dans ce quartier d'anciennes écuries que l'on a abandonnées comme n'ayant pas les dimensions de rigueur, mais qui seraient susceptibles de servir momentanément au logement de 43 chevaux.
TOTAL..............................		915	354	
§ 3. — BÂTIMENTS PRÊTÉS PAR LA VILLE.				
Écurie S (du Marché).......................	Cavalerie..........	//	60	
TOTAL..............................		//	60	
RÉCAPITULATION.				
§ 1er — BÂTIMENTS À L'ÉTAT..............		2,031	607	
§ 2. — BÂTIMENTS PRIS À LOYER PAR L'ÉTAT..........		915	354	
§ 3. — BÂTIMENTS PRÊTÉS PAR LA VILLE..........		//	60	
TOTAL GÉNÉRAL..............................		2,946	1,021	

2° PRISONS MILITAIRES.

DÉSIGNATION DES BÂTIMENTS.	CONTENANCE.		OBSERVATIONS.
	OFFICIERS.	SOUS-OFFICIERS et soldats.	
§ 1er. — BÂTIMENTS À L'ÉTAT.			
Prison militaire R (des Augustins)	3	88	
§ 2. — BÂTIMENTS PRIS À LOYER PAR L'ÉTAT.			
Néant.			
§ 3. — BÂTIMENTS PRÊTÉS PAR LA VILLE.			
Néant.			
RÉCAPITULATION.			
§ 1er — Bâtiments à l'État	3	88	
§ 2. — Bâtiments pris à loyer par l'État	//	//	
§ 3. — Bâtiments prêtés par la ville	//	//	
TOTAL GÉNÉRAL			

3° BATIMENTS DES HÔPITAUX.

DÉSIGNATION DES BÂTIMENTS.	CONTENANCE.			OBSERVATIONS.
	MALADES.			
	Officiers.	sous-officiers et soldats.	Infirmiers.	
§ 1er. — BÂTIMENTS À L'ÉTAT.				
Hôpital militaire M (de Marengo)	8	200	26	
§ 2. — BÂTIMENTS PRIS À LOYER PAR L'ÉTAT.				
Hospice civil (de Sainte-Anne)	//	55	//	55 places sont réservées dans cet établissement pour les malades militaires, qui y sont traités par abonnement aux frais du département de la guerre, à raison, par jour, de 2 fr. 05 c. pour un officier, et de 1 fr. 30 cent. pour un sous-officier ou un soldat. (Décisions ministérielles du 22 décembre 1850 et du 30 janvier 1854.)
§ 3. — BÂTIMENTS PRÊTÉS PAR LA VILLE.				
Néant.				
RÉCAPITULATION.				
§ 1er. — Bâtiments à l'État	8	200	26	
§ 2. — Bâtiments pris à loyer par l'État	//	55	//	
§ 3. — Bâtiments prêtés par la ville	//	//	//	
TOTAL GÉNÉRAL	8	255	26	

4° BATIMENTS DES SUBSISTANCES.

DÉSIGNATION DES BÂTIMENTS.	CONTENANCE.					
	QUINTAUX MÉTRIQUES.			RATIONS.		
	Blé ou farine.	Foin ou paille.	Avoine.	Blé ou farine.	Foin ou paille.	Avoine.
§ 1er. — BÂTIMENTS À L'ÉTAT.						
Manutention B (des Cordeliers)	1,571	"	"	253,387	"	"
Quartier D (des Visitandines ou du Cloître)	1,504	"	777	242,580	"	20,447
Terrain 91 (jardin du Cloître)	"	5,000	"	"	50,000	"
TOTAUX	3,075	5,000	777	495,967	50,000	20,447
§ 2. — BÂTIMENTS PRIS À LOYER PAR L'ÉTAT.						
Maison X, au sieur Robert	450	"	"	72,580	"	"
Magasin aux fourrages G, au sieur Bernard	"	8,600	3,096	"	86,000	81,474
TOTAUX	450	8,600	3,096	72,580	86,000	81,474
§ 3. — BÂTIMENTS PRÊTÉS PAR LA VILLE.						
Néant.						
RÉCAPITULATION.						
§ 1er Bâtiments à l'État	3,075	5,000	777	495,967	50,000	20,447
§ 2. — Bâtiments pris à loyer par l'État	450	8,600	3,096	72,580	86,000	81,474
§ 3. — Bâtiments prêtés par la ville	"	"	"	"	"	"
TOTAUX GÉNÉRAUX	3,525	13,600	3,873	568,547	136,000	101,921

5° MAGASINS DES LITS MILITAIRES, DE L'HABILLEMENT, DU HARNACHEMENT, DU CAMPEMENT ET DU CHAUFFAGE.

DÉSIGNATION DES BÂTIMENTS.	CONTENANCE.	OBSERVATIONS.
§ 1er. — BÂTIMENTS À L'ÉTAT.		
Magasin des lits militaires L (des Carmélites)	4,520 fournitures complètes de soldat. 500 demi-fournitures. 10 fournitures complètes d'officier. 20,000 draps. Ustensiles pour 20 corps de garde.	
Magasin de l'habillement, du harnachement et du campement N (des capucins)	Effets d'habillement pour 3,650 hommes. Étoffes pour l'habillement de 12,000 hommes. Effets de campement pour 15,000 hommes. Effets de harnachement pour 1,550 chevaux.	
Magasin du chauffage S (dans l'enclos du terre-plein bas du bastion 4)	2,370 stères de bois. 4 900 quintaux métriques de houille.	
§ 2. — BÂTIMENTS PRIS À LOYER PAR L'ÉTAT.		
Néant.		
§ 3. — BÂTIMENTS PRÊTÉS PAR LA VILLE.		
Néant.		

6° MAGASINS A POUDRE.

DÉSIGNATION DES BÂTIMENTS.	CONTENANCE NORMALE, en barils de 50 kil.	NORMALE, en barils de 100 kil.	MAXIMUM, en barils de 50 kil.	MAXIMUM, en barils de 100 kil.	OBSERVATIONS.
§ 1er. — BÂTIMENTS À L'ÉTAT.					
Magasin à poudre 13	12,900	13,600	12,900	13,600	
——— 17 (du bastion 4)	60,800	74,600	72,800	94,600	
Casemates 52	12,100	16,500	14,700	19,400	
Tour 63	2,400	3,000	2,700	3,800	
Magasin à poudre 72 (du bastion 5)	31,800	39,200	41,400	53,200	
——— 73	49,500	54,000	49,500	54,000	
TOTAUX	169,500	200,900	194,000	238,600	
§ 2. — BÂTIMENTS PRIS À LOYER PAR L'ÉTAT.					
Néant.					
§ 3. — BÂTIMENTS PRÊTÉS PAR LA VILLE.					
Néant.					
RÉCAPITULATION.					
§ 1er — Bâtiments à l'État	169,500	200,900	194,000	238,600	
§ 2. — Bâtiments pris à loyer par l'État	"	"	"	"	
§ 3. — Bâtiments prêtés par la ville	"	"	"	"	
TOTAUX GÉNÉRAUX	169,500	200,900	194,000	238,600	

7° CORPS DE GARDE ISOLÉS.

DÉSIGNATION DES CORPS DE GARDE.	CONTENANCE. OFFICIERS.	SOLDATS.	OBSERVATIONS.
§ 1er. — BÂTIMENTS À L'ÉTAT.			
Corps de garde 39 (de la porte de secours)	1	20	
——— 40 (de la demi-lune 27)	1	10	
——— 42 (de la porte de Villars)	1	12	
TOTAL	3	42	
§ 2. — BÂTIMENTS PRIS À LOYER PAR L'ÉTAT.			
Néant.			
§ 3. — BÂTIMENTS PRÊTÉS PAR LA VILLE.			
Corps de garde 48 (de la place d'armes)	1	30	
RÉCAPITULATION.			
§ 1er. — Bâtiments à l'État	3	42	
§ 2. — Bâtiments pris à loyer par l'État	"	"	
§ 3. — Bâtiments prêtés par la ville	1	30	
TOTAL GÉNÉRAL	4	72	

Fait à le 185 .

par le *du génie en chef,*

Signé N.

Vu par le Sous-Intendant militaire,

Signé N.

Vu par le Commandant de place,

Signé N.

° DIVISION MILITAIRE.

GÉNIE.

DIRECTION d

MODÈLE N° 2.

ÉTAT GÉNÉRAL de l'assiette du logement qui doit être assigné aux troupes, aux officiers et aux différents services administratifs, dans les bâtiments militaires des places de la direction d situées dans la division militaire, conformément à l'article 17 du règlement du 30 juin 1856, sur le service du casernement.

1° LOGEMENT DES TROUPES.

PLACES.	DÉSIGNATION DES BATIMENTS.	DESTINATION.	CONTENANCE.		OBSERVATIONS.	OBSERVATIONS du directeur des fortifications.
			Hommes.	Chevaux.		
R.	§ 1er. — BÂTIMENTS À L'ÉTAT.					
	Quartier D (des Visitandines)........	Infanterie et cavalerie.	439	188		
	....	//	//	//		
	....	//	//	//		
	TOTAL..............................		2,031	607		
	§ 2. — BÂTIMENTS PRIS À LOYER.					
	Caserne H (des Cordeliers)..........	Infanterie.	390	//		
	Quartier E (d'Asfeld)................	Cavalerie et artillerie.	525	354		
	TOTAL..............................		915	354		
	§ 3. — BÂTIMENTS PRÊTÉS PAR LA VILLE.					
	Écurie S (du Marché)...............	Cavalerie.	//	60		
	TOTAL..............................		//	60		
S.	§ 1er. — BÂTIMENTS À L'ÉTAT.					
	Caserne 39 (des Dominicains)........	Infanterie.	412	//		
	Quartier 45 (des Jésuites)..........	Cavalerie.	984	748		
	....	//	//	//		
	....	//	//	//		
	TOTAL..............................		2,530	1,012		
	§ 2. — BÂTIMENTS PRIS À LOYER.					
	Néant.					
	§ 3. — BÂTIMENTS PRÊTÉS PAR LA VILLE.					
	Caserne V (de la ville)..............	Infanterie.	263	//		
	Pavillon 50 (de l'Esplanade)........	Cavalerie.	//	62		
	TOTAL..............................		263	62		

PLACES.	DÉSIGNATION DES BATIMENTS.	DESTINATION.	CONTENANCE. Hommes.	CONTENANCE. Chevaux.	OBSERVATIONS.	OBSERVATIONS DU DIRECTEUR des fortifications.
T.	§ 1er. — BÂTIMENTS À L'ÉTAT.					
	Caserne A (de Saint-Simon).........	Infanterie et cavalerie.	1,274	304		
	Pavillon B (des Fours).............	Infanterie et artillerie.	150	30		
	Quartier C (de Saint-Clément).......	Cavalerie.	518	346		
	....	//	//	//		
	....	//	//	//		
	TOTAL..........................		3,057	1,105		
	§ 2. — BÂTIMENTS PRIS À LOYER.					
	Caserne O (d'Orléans).............	Infanterie.	228	//		
	Écuries R (de Condé)..............	Cavalerie.	//	160		
	TOTAL..........................		228	160		
	§ 3. — BÂTIMENTS PRÊTÉS PAR LA VILLE.					
	Néant.					

RÉCAPITULATION.

		CONTENANCE PAR PLACE. Hommes.	CONTENANCE PAR PLACE. Chevaux.	CONTENANCE PAR CATÉGORIE. Hommes.	CONTENANCE PAR CATÉGORIE. Chevaux.
§ 1er. BÂTIMENTS À L'ÉTAT.	Place R..................	2,031	607		
	—— S..................	2,530	1,012		
	—— T..................	3,057	1,105		
	....	//	//		
	....	//	//		
		10,860	3,840	10,860	3,840
§ 2. BÂTIMENTS PRIS À LOYER.	Place R..................	915	354		
	—— S..................	//	//		
	—— T..................	228	160		
	....	//	//		
	....	//	//		
		2,520	930	2,520	930
§ 3. BÂTIMENTS PRÊTÉS PAR LA VILLE.	Place R..................	//	60		
	—— S..................	263	62		
	—— T..................	//	//		
	....	//	//		
	....	//	//		
		508	220	508	220
	TOTAL GÉNÉRAL..................			13,888	4,090

2° PRISONS MILITAIRES.

PLACES.	DÉSIGNATION DES BÂTIMENTS.	CONTENANCE. Officiers.	CONTENANCE. Sous-officiers et soldats.	OBSERVATIONS.	OBSERVATIONS du directeur des fortifications.
R.	§ 1er. — Bâtiments à l'État.				
	Prison militaire R (des Augustins)....	3	88		
	§ 2. — Bâtiments pris à loyer.				
	Néant.				
	§ 3. — Bâtiments prêtés par la ville.				
	Néant.				
S.	§ 1er. — Bâtiments à l'État.				
	Néant.				
	§ 2. — Bâtiments pris à loyer.				
	Néant.				
	§ 3. — Bâtiments prêtés par la ville.				
	Prison civile (de Sainte-Marguerite)...	2	34		
T.	§ 1er. — Bâtiments à l'État.				
	Prison militaire X (des Carmes)......	4	72		
	§ 2. — Bâtiments pris à loyer.				
	Néant.				
	§ 3. — Bâtiments prêtés par la ville.				
	Néant.				

RÉCAPITULATION.

		CONTENANCE par place. Officiers.	CONTENANCE par place. Sous-officiers et soldats.	CONTENANCE par catégorie. Officiers.	CONTENANCE par catégorie. Sous-officiers et soldats.
§ 1er. Bâtiments à l'État.	Place R..........	3	88		
	—— S..........	″	″		
	—— T..........	4	72		
	....				
	....				
		12	248	12	248
§ 2. Bâtiments pris à loyer.	Place R..........	″	″		
	—— S..........	″	″		
	—— T..........	″	″		
	....				
	....				
		2	58	2	58
§ 3. Bâtiments prêtés par la ville.	Place R..........	″	″		
	—— S..........	2	34		
	—— T..........	″	″		
	....				
	....				
		5	108	5	108
	Total général..........			19	414

3° BÂTIMENTS DES HÔPITAUX.

PLACES.	DÉSIGNATION DES BÂTIMENTS.	CONTENANCE. Malades. Officiers.	CONTENANCE. Malades. Sous-officiers et soldats.	CONTENANCE. Infirmiers.	OBSERVATIONS.	OBSERVATIONS du directeur des fortifications.
R.	§ 1er. — Bâtiments à l'État. Hôpital M (de Marengo)...........	8	200	26		
	§ 2. — Bâtiments pris à loyer. Hopice civil (de Sainte-Anne)........	″	55	″		
	§ 3. — Bâtiments prêtés par la ville. Néant.					
S.	§ 1er. — Bâtiments à l'État. Hôpital militaire P (de Saint-François).	12	260	34		
	§ 2. — Bâtiments pris à loyer. Néant.					
	§ 3. — Bâtiments prêtés par la ville. Hospice civil (de Saint-Nicolas).......	″	90	″		
T.	§ 1er. — Bâtiments à l'État. Néant.					
	§ 2. — Bâtiments pris à loyer. Hospice civil (de Saint-Jean).........	4	120	16		
	§ 3. — Bâtiments prêtés par la ville. Néant.					

RÉCAPITULATION.

		Contenance par place. Malades. Officiers.	Contenance par place. Malades. Sous-officiers et soldats.	Contenance par place. Infirmiers.	Contenance par catégorie. Malades. Officiers.	Contenance par catégorie. Malades. Sous-officiers et soldats.	Contenance par catégorie. Infirmiers.
§ 1er. Bâtiments à l'État.	Place R.................	8	200	26			
	—— S.................	12	260	34			
	—— T.................	″	″	″			
	....						
	....						
		30	650	80	30	650	80
§ 2. Bâtiments pris à loyer.	Place R.................	″	55	″			
	—— S.................	″	″	″			
	—— T.................	4	120	16			
	....						
	....						
		10	290	34	10	290	34
§ 3. Bâtiments prêtés par la ville.	Place R.................	″	″	″			
	—— S.................	″	90	″			
	—— T.................	″	″	″			
	....						
	....						
		2	160	12	2	160	12
	Total général............				42	1,100	126

4° BATIMENTS DES SUBSISTANCES.

PLACES.	DÉSIGNATION DES BÂTIMENTS.	CONTENANCE. Quintaux métriques. Blé ou farine.	Quintaux métriques. Foin ou paille.	Quintaux métriques. Avoine.	Rations. Blé ou farine.	Rations. Foin ou paille.	Rations. Avoine.	OBSERVATIONS.	OBSERVATIONS du directeur des fortifications.
R.	§ 1er. — Bâtiments à l'État.								
	Manutention B (des Cordeliers)	1,571	//	//	253,387	//	//		
	Quartier D (des Visitandines ou du Cloître)	1,504	//	777	242,580	//	20,447		
	Terrain 91 (jardin du Cloître)	//	5,000	//	//	50,000	//		
	Totaux	3,075	5,000	777	495,967	50,000	20,447		
	§ 2. — Bâtiments pris à loyer.								
	Maison X (au sieur Robert)	450	//	//	72.580	//	//		
	Magasin aux fourrages G (au sieur Bernard)	//	8,600	3,096	//	86,000	81,474		
	Totaux	450	8,600	3,096	72.580	86,000	81,474		
	§ 3. — Bâtiments prêtés par la ville. Néant.								
S.	§ 1er. — Bâtiments à l'État.								
	Manutention E (de Saint-Joseph)	1,250	//	//	201,250	//	//		
	Quartier 45 (des Jésuites)	2,012	//	990	323,932	//	26,037		
	Magasin aux fourrages U (du Cours)	//	7,000	//	//	70,000	//		
	Totaux	3,262	7,000	990	525,182	70,000	26,037		
	§ 2. — Bâtiments pris à loyer.								
	Magasin Y (au sieur Duval)	//	8,100	2,450	//	81,000	64,435		
	§ 3. — Bâtiments prêtés par la ville. Néant.								
T.	§ 1er. — Bâtiments à l'État.								
	Manutention H (de Saint-Benoît)	3,250	//	//	524,350	//	//		
	Quartier C (de Saint-Clément)	850	//	930	136,850	//	24,459		
	Magasin aux fourrages K (du polygone)	//	9,000	4,200	//	90,000	110,460		
	Totaux	4,100	9,000	5,130	661,200	90,000	134,919		
	§ 2. — Bâtiments pris à loyer. Néant.								
	§ 3. — Bâtiments prêtés par la ville.								
	Magasin Q (du port)	//	7,500	//	//	75,000	//		

RÉCAPITULATION.

		Contenance par place. Quintaux métriques. Blé ou farine.	Quintaux métriques. Foin ou paille.	Quintaux métriques. Avoine.	Rations. Blé ou farine.	Rations. Foin ou paille.	Rations. Avoine.	Contenance par catégorie. Quintaux métriques. Blé ou farine.	Quintaux métriques. Foin ou paille.	Quintaux métriques. Avoine.	Rations. Blé ou farine.	Rations. Foin ou paille.	Rations. Avoine.
§ 1er. Bâtiments à l'État.	Place R.	3,075	5,000	777	495,967	50,000	20,447						
	— S.	3,262	7,000	990	525,182	70,000	26,037						
	— T.	4,100	9,000	5,130	661,200	90,000	134,919						
	....												
	....												
Totaux		15,850	27,500	8,230	2,551,850	275,000	216,449	15,850	27,500	8,230	2,551,850	275,000	216,449
§ 2. Bâtiments pris à loyer.	Place R.	450	8,600	3,096	72,580	86,000	81,474						
	— S.	//	8,100	2,450	//	81,000	64,435						
	— T.	//	//	//	//	//	//						
	....												
	....												
Totaux		910	19,200	6,540	146,510	192,000	172,002	910	19,200	6,540	146,510	192,000	172,002
§ 3. Bâtiments prêtés par la ville.	Place R.	//	//	//	//	//	//						
	— S.	//	//	//	//	//	//						
	— T.	//	7,500	//	//	75,000	//						
	....												
	....												
Totaux		500	8,100	510	80,500	81,000	13,413	500	8,100	510	80,500	81,000	13,413
Totaux généraux								17,260	54,800	15,280	2,778,860	548,000	401,864

5° MAGASINS DES LITS MILITAIRES, DE L'HABILLEMENT, DU HARNACHEMENT, DU CAMPEMENT ET DU CHAUFFAGE.

PLACES.	DÉSIGNATION DES BÂTIMENTS.	CONTENANCE.	OBSERVATIONS.	OBSERVATIONS du directeur des fortifications.
R.	§ 1er. — Bâtiments à l'État.			
	Magasin des lits militaires L (des Carmélites)........................	4,520 fournitures complètes de soldat. 500 demi-fournitures. 10 fournitures complètes d'officier. 20,000 draps. Ustensiles pour 20 corps de garde.		
	Magasin de l'habillement, du harnachement et du campement N (des Capucins)........................	Effets d'habillement pour 3,650 hommes. Étoffes pour l'habillement de 12,000 hommes. Effets de campement pour 15,000 hommes. Effets de harnachement pour 1,550 chevaux.		
	Magasin du chauffage S (dans l'enclos du terre-plein bas du bastion 4).......	2,370 stères de bois. 4,900 quintaux métriques de houille.		
	§ 2. — Bâtiments pris à loyer. Néant.			
	§ 3. — Bâtiments prêtés par la ville. Néant.			
S.	§ 1er. — Bâtiments à l'État.			
	Magasin des lits militaires 60 (de Saint-Jean)........................	3,730 fournitures complètes de soldat. 620 demi-fournitures. 15 fournitures complètes d'officier. 15,000 draps. Ustensiles pour 12 corps de garde.		
	Magasin de l'habillement, du harnachement et du campement 61 (des Ormes)........................	Effets d'habillement pour 3,200 hommes Étoffes pour l'habillement de 10,000 hommes. Effets de campement pour 12,500 hommes. Effets de harnachement pour 2,000 chevaux.		
	§ 2. — Bâtiments pris à loyer.			
	Magasin du chauffage Y (dans un terrain au sieur Hubert)................	2,200 stères de bois. 1,820 quintaux métriques de houille.		
	§ 3. — Bâtiments prêtés par la ville. Néant.			
T.	§ 1er. — Bâtiments à l'État.			
	Magasin des lits militaires dans la caserne A (de Saint-Simon)..........	5,350 fournitures complètes de soldat. 910 demi-fournitures. 20 fournitures complètes d'officier. 22,000 draps. Ustensiles pour 8 corps de garde.		
	§ 2. — Bâtiments pris à loyer. Néant.			
	§ 3. — Bâtiments prêtés par la ville.			
	Magasin de l'habillement, du harnachement et du campement X (du canal).	Effets d'habillement pour 4,500 hommes. Étoffes pour l'habillement de 15,000 hommes. Effets de campement pour 13,500 hommes. Effets de harnachement pour 3,120 chevaux.		
	Magasin du chauffage, dans les dépendances du magasin Q (du port).....	2,700 stères de bois. 2,210 quintaux métriques de houille.		
	....			
	....			

6° MAGASINS A POUDRE.

PLACES.	DÉSIGNATION DES BATIMENTS.	CONTENANCE NORMALE, en barils de 50 kil.	CONTENANCE NORMALE, en barils de 100 kil.	CONTENANCE MAXIMUM, en barils de 50 kil.	CONTENANCE MAXIMUM, en barils de 100 kil.	OBSERVATIONS.	OBSERVATIONS DU DIRECTEUR des fortifications.
R.	§ 1er. — Bâtiments à l'État.						
	Magasin à poudre 13	12,900	13,600	12,900	13,600		
	—— 17 (du bastion 4)	60,800	74,600	72,800	94,600		
	Casemates 52	12,100	16,500	14,700	19,400		
	Tour 63	2,400	3,000	2,700	3,800		
	Magasin à poudre 72 (du bastion 5)	31,800	39,200	41,400	53,200		
	—— 73	49,500	54,000	49,500	54,000		
	Totaux	169,500	200,900	194,000	238,600		
	§ 2. — Bâtiments pris à loyer.						
	Néant.						
	§ 3. — Bâtiments prêtés par la ville.						
	Néant.						
S.	§ 1er. — Bâtiments à l'État.						
	Magasin à poudre R (de l'Esplanade)	31,800	39,200	41,408	53,200		
	—— S (du bastion 2)	2,400	3,000	2,700	3,800		
	—— T (de la Citadelle)	49,500	54,000	49,500	54,000		
	—— U (du bastion 5)	12,100	16,500	14,700	19,400		
	Totaux	95,800	112,700	108,308	130,400		
	§ 2. — Bâtiments pris à loyer.						
	Néant.						
	§ 3. — Bâtiments prêtés par la ville.						
	Néant.						
T.	§ 1er. — Bâtiments à l'État.						
	Magasin à poudre P (du Mesnil)	60,800	74,600	72,800	94,600		
	—— W (de Saint-Joseph)	29,000	35,000	33,800	43,000		
	Totaux	89,800	109,600	106,600	137,600		
	§ 2. — Bâtiments pris à loyer.						
	Néant.						
	§ 3. — Bâtiments prêtés par la ville.						
	Néant.						

RÉCAPITULATION.

		CONTENANCE PAR PLACE. Normale. En barils de 50 kil.	CONTENANCE PAR PLACE. Normale. En barils de 100 kil.	CONTENANCE PAR PLACE. Maximum. En barils de 50 kil.	CONTENANCE PAR PLACE. Maximum. En barils de 100 kil.	CONTENANCE PAR CATÉGORIE. Normale. En barils de 50 kil.	CONTENANCE PAR CATÉGORIE. Normale. En barils de 100 kil.	CONTENANCE PAR CATÉGORIE. Maximum. En barils de 50 kil.	CONTENANCE PAR CATÉGORIE. Maximum. En barils de 100 kil.
§ 1er. Bâtiments à l'État.	Place R.	169,500	200,900	194,000	238,600				
	—— S.	95,800	112,700	108,308	130,400				
	—— T.	89,800	109,600	106,600	137,600				
	....	//	//	//	//				
	....	//	//	//	//				
		420,900	527,900	509,308	634,200	420,900	527,900	509,308	634,200
§ 2. Bâtiments pris à loyer.	Place R. / —— S. / —— T. / .... /	//	//	//	//	//	//	//	//
§ 3. Bâtiments prêtés par la ville.	Place R. / —— S. / —— T. / .... /	//	//	//	//	//	//	//	//
Totaux généraux						420,900	527,900	509,308	634,200

7° CORPS DE GARDE ISOLÉS.

PLACES.	DÉSIGNATION DES CORPS DE GARDE.	CONTENANCE. Officiers.	CONTENANCE. Soldats.	OBSERVATIONS.	OBSERVATIONS du directeur des fortifications.
R.	§ 1er. — Bâtiments à l'État.				
	Corps de garde 39 (de la porte de secours)......	1	20		
	——— 40 (de la demi-lune 27)........	1	10		
	——— 42 (de la porte de Villars).......	1	12		
	Total....................	3	42		
	§ 2. — Bâtiments pris à loyer.				
	Néant.				
	§ 3. — Bâtiments prêtés par la ville.				
	Corps de garde 48 (de la place d'armes)........	1	30		
S.	§ 1er. — Bâtiments à l'État.				
	Corps de garde 56 (de la porte Vauban)........	1	24		
	——— 57 (de la demi-lune 20).......	1	16		
	——— 58 (de la lunette 24).........	1	12		
	....	....	....		
	....	....	....		
	Total....................	3	80		
	§ 2. — Bâtiments pris à loyer.				
	Corps de garde 64 (maison au sieur Étienne)....	〃	9		
	§ 3. — Bâtiments prêtés par la ville.				
	Corps de garde 65 (de la place du Marché)......	1	12		
T.	§ 1er. — Bâtiments à l'État.				
	Corps de garde L (de la porte de Paris)........	1	24		
	——— M (de la porte Neuve).........	1	18		
	....	〃	〃		
	....	〃	〃		
	Total....................	4	70		
	§ 2. — Bâtiments pris à loyer.				
	Néant.				
	§ 3. — Bâtiments prêtés par la ville.				
	Corps de garde N (de l'Hôtel-de-Ville).........	1	24		

RÉCAPITULATION.

		CONTENANCE par place. Officiers.	CONTENANCE par place. Soldats.	CONTENANCE par catégorie. Officiers.	CONTENANCE par catégorie. Soldats.
§ 1er. Bâtiments à l'État.	Place R................	3	42		
	——— S................	5	80		
	——— T................	4	70		
	....	〃	〃		
	....	〃	〃		
		15	250	15	250
§ 2. Bâtiments pris à loyer.	Place R................	〃	〃		
	——— S................	〃	9		
	——— T................	〃	〃		
	....	....	....		
	....	....	....		
		1	21	1	21
§ 3. Bâtiments prêtés par la ville.	Place R................	1	30		
	——— S................	1	12		
	——— T................	1	24		
	....	....	....		
	....	....	....		
		5	96	5	96
	Total général........................			21	367

A   le   1855.   A   le   185 .

L'Intendant de la   division militaire,   *Le Directeur des fortifications,*

Signé N.   Signé N.

BIBLIOTHÈQUE IMPÉRIALE IMPR.

www.ingramcontent.com/pod-product-compliance
Lightning Source LLC
LaVergne TN
LVHW020448230826
846091LV00004B/1589

* 9 7 8 2 0 1 3 6 1 0 8 7 2 *